青春期男孩，
你要懂得
保护自己

蔡万刚◎编著

中国纺织出版社有限公司

内 容 提 要

不管是男孩还是女孩，都是父母的牵挂，更是需要保护的未成年人。当今社会环境中，男孩受伤害的事例已屡见不鲜，因此每个青春期男孩都要培养自我保护意识与能力，唯有如此，才能健康成长。

本书从关爱男孩的角度出发，重视青春期男孩自我保护能力的培养，通过大量鲜活的案例，结合当下青春期男孩在学校和社会生活中可能遇到的一些问题，为男孩提供切实有效的指导，为男孩自身和父母们指点迷津，让更多的男孩提高自我保护能力。

图书在版编目（CIP）数据

青春期男孩，你要懂得保护自己／蔡万刚编著. --
北京：中国纺织出版社有限公司，2021.2
ISBN 978-7-5180-7656-7

Ⅰ. ①青… Ⅱ. ①蔡… Ⅲ. ①男性—青春期—心理健康—健康教育 Ⅳ. ①G444

中国版本图书馆CIP数据核字（2020）第126407号

责任编辑：江 飞　　责任校对：高 涵　　责任印制：储志伟

中国纺织出版社有限公司出版发行
地址：北京市朝阳区百子湾东里A407号楼　邮政编码：100124
销售电话：010—67004422　传真：010—87155801
http://www.c-textilep.com
中国纺织出版社天猫旗舰店
官方微博http://weibo.com/2119887771
三河市宏盛印务有限公司印刷　各地新华书店经销
2021年2月第1版第1次印刷
开本：880×1230　1/32　印张：7
字数：99千字　定价：34.80元

前　言

我们都知道，女孩是脆弱的，需要保护，其实男孩也是如此。男孩不仅要学习自我保护，还要学会避免周围一些不良因素的影响，比如帮派陷阱、性骚扰、别人的无理要求等。懂得独立安全的生活，才是一个男孩真正成熟的标志。

身心尚未成熟、社会经验不足的男孩，在面对侵害行为、自然灾害和意外伤害时，往往因处于被动地位而受到侵害。为此，男孩们有必要在平时的生活中就养成自我保护的习惯。只有这样，在面对一些突发的事故和侵害时，男孩才会积极争取社会、学校和家庭等方面的保护；当这些保护不能及时到位的时候，男孩也能尽己所能，用智慧和法律保护自己的合法权益。

近些年来，男孩受伤害的案例频频出现，男孩的安全问题引起了社会的广泛关注。男孩从呱呱坠地起就面临很多未知的危险，尤其是在走出家庭和学校的庇护、走入社会之后，男孩更是要面对各种挑战。挑战是无法避免的，但伤害却可以预防。男孩要坚定勇敢，要借助父母和老师等长辈的力量，学会预防伤害的方法，切实地保护自己。男孩保护自身免遭伤害最直接、最有效的方法是培养自我保护的意识。

男孩一定要学会保护自己，只有保护好自己，才能谈及保护他人。事实上，任何一个孩子的健康成长，都关系到一个家庭的幸福；只有每个家庭的孩子都健康成长，社会才能安定团结，也才能实现良性发展。

那么，成长中的青春期男孩，你准备好保护自己了吗？希望每一个青春期女孩如花朵般绽放，也希望每一个男孩都能健康茁壮成长，成为社会的顶梁柱，成为对社会有贡献的人！

编著者

2020年11月

目 录

青春成长路，阳光男孩要懂得自我保护

　　从呱呱坠地的新生命，不断地成长，到成为独立的男孩，生命在这个历程中渐渐成熟和丰满，男孩的人生也走出了父母的庇佑，需要独自面对人生中的很多事情和突如其来的意外。父母不可能跟随男孩一辈子，把男孩永远置于自己羽翼之下。父母终将会老去，甚至有一天垂垂老矣还需要男孩保护呢，所以男孩要快快长大，保护自己，让生命健康茁壮成长！

青春期男孩要尽早培养自我保护的意识与能力

乐乐上小学四年级了，因为从小在父母无微不至的保护下长大，所以乐乐根本没有自我保护意识。这不，妈妈带着乐乐去熟悉的理发店理发，趁着乐乐理发的工夫去买菜，才十几分钟回来，乐乐就已经把家底子都向爱聊天的理发店主人交代了个清清楚楚。看着乐乐与阿姨聊得不亦乐乎，妈妈无奈地说："你这个孩子，我可真的什么事情都不能告诉你，你怎么什么都告诉阿姨啊，也不怕阿姨把你拐卖了。"阿姨和妈妈的关系很熟悉，笑着说："防备着别人，还防备我干嘛呢，咱们都这么熟悉了。"妈妈无奈地说："关键是他和你说了，也会和别人说啊，这个孩子就是没心眼，一点安全意识都没有。"听到妈妈把问题上升到安全的角度，阿姨也引起重视，对乐乐说："的确啊乐乐，你如果遇到不认识或者不熟悉的人，可不要什么都说。不然你家的情况都被别人知道了，岂不是很危险吗？"乐乐不以为然："那有什么，人家又不能去我家抢钱，或者去我家偷孩子吧！"妈妈和阿姨都无奈地笑起来，阿姨对妈妈说："其实孩子不是没心眼，也有可能是平日里被你们保护得太好了，所以没有安全意识。"妈妈连连点头说："对，我得培养他的安全意识。"

　　回到家里，妈妈马上对乐乐展开安全意识教育。没过多久，妈妈让乐乐独自去距离家三站地的培训中心练字，乐乐在路上遇到一个熟人，熟人问乐乐："乐乐，你自己来学习啊？"乐乐赶紧摇摇头，说："不是的，妈妈在前面等我呢！"说完，乐乐就一溜烟跑开了。乐乐不知道，这是妈妈特意安排的"测试人员"，专门检测乐乐是否已经形成了安全意识。

　　对于男孩而言，如果从小到大都被父母保护得很好，那么他们就会因为一直生活在安全的环境中，而缺乏安全意识。例如事例中的乐乐，他把家里隐私的事情都告诉了理发店的阿姨，就是错误的行为。虽然每个月都要理发，乐乐与理发店的阿姨比较相熟，妈妈也会经常与阿姨聊天，但是妈妈与阿姨说的都是无关紧要的话，而乐乐与阿姨说的却是家里的隐私信息，这对于保护家庭安全是没有好处的。幸好妈妈及时发现乐乐缺乏安全意识，因而对乐乐展开安全意识的培养。最终，乐乐形成了安全意识，在路上遇到熟人的时候，懂得撒谎说妈妈就在前面等着自己，从而有效地保护自己。

对于那些安全意识比较强的人，很多人都觉得这样的人活得太累，处处小心谨慎，就像套中人一样。然而，无数的事实告诉我们，即使是对于熟悉的人，也要有一定的防范意识，因为熟人有更便利的做坏事的条件，而且很多人都容易激情犯罪，说不定在某些条件的刺激下就走上了违法犯罪的道路。尤其是对于人身安全问题，一旦人们由于疏于防范，酿成大错，也许再没有挽回的机会。对于父母而言，更是安全教育大于天，每一位父母在关注孩子的学习之前，一定要优先培养孩子的安全意识，启发和引导孩子更好地保护自己。

自我保护的训练，要从青春期开始

在对乐乐进行初步的安全教育之后，妈妈特意安排朋友潜伏在乐乐去上培训班必经的路上，对乐乐展开安全测试。乐乐很聪明，在形成安全意识之后，对于妈妈的检测都顺利通过，安全合格。爸爸对此如释重负地说："以后，乐乐就可以独自去上学了。"妈妈对于爸爸的话不以为然，一本正经地说："孩子的安全问题哪里有这么简单呢，各种情况都有可能发生，有的时候连成人都应付不来，你没见很多大学生坐个火车都被拐到山沟里了吗！"爸爸发愁地问："那该怎么办呢？孩子大了，总不可能永远留在家里，不出门吧！咱们也不可能像老母鸡那样，保护他一辈子啊！"妈妈笑着说："我最近关注孩子的安全教育问题，发现培养孩子的安全意识，让孩子拥有自我保护能力，真是一门大学问。接下来，咱们要对乐乐展开安全演习！"爸爸无奈地看着妈妈："好吧，你是专家，都听你的。"

周末，爸爸妈妈带着乐乐去苏宁电器买家电，结账的时候，乐乐被收银台上的招财猫吸引到了，因而情不自禁就忽略了爸爸妈妈，而专注地看着招财猫。妈妈拉着爸爸就走，爸爸正准备回头喊乐乐，却被妈妈制止了。爸爸妈妈躲藏到收银台附近的楼梯口，在那里，乐乐看不到爸爸妈妈，爸爸妈妈却能一览无遗地看到乐乐。果不其然，大概两分钟之后，乐乐发现爸爸妈妈不见了，赶紧扭头四处寻找，还喊叫了几声。没见到爸爸妈妈，乐乐正准备走开，已经离开了收银台几步，突然间又折返回到收银台，问收银台的阿姨："阿姨，你看到我爸爸妈妈去哪里了吗？"阿姨看到乐乐一个人站在这里，问："你是不是找不到爸爸妈妈了？要不，阿姨带你去广播室，用广播找爸爸妈妈吧！"乐乐点点头，马上又摇摇头说："不行，我要留在这里等着爸爸妈妈。阿姨，你去广播室喊爸爸妈妈吧，我爸爸叫宋凯杰，我妈妈叫李爱珍，我就留在这里，说不定爸爸妈妈马上会回来找我，如果见不到我，他们一定会着急的。"听了乐乐的分析，阿姨心服口服，正准备去广播室呢，爸爸妈妈佯装急急忙忙地走回来，看到乐乐便焦急地说："乐乐你去哪里了？我们走着走着，一回头就不见你了。幸好你还在这里啊！"乐乐得意地对收银阿姨笑了，说："阿姨，看我说得对吧，爸爸妈妈回来找我了！"阿姨笑着对爸爸妈妈说："你家孩子真是个小机灵鬼，我要带他去广播室，他让我自己去，他却要留在这里等着你们。"妈妈很欣慰，说："看来，安全教育没白做啊！"

　　乐乐很聪明，也很冷静，看到爸爸妈妈不见了，他没有哭泣，更没有盲目和收银阿姨离开，而是留在原地等着爸爸妈妈。首先，乐乐无法确定收银阿姨是好人还是坏人，一旦跟着收银阿姨离开，很有可能会被收银阿姨伤害。其次，去广播室呼唤爸爸妈妈固然是好事情，但是大多数父母在发现孩子不见了之后，第一反应就是原路返回寻找孩子，所以去了广播室反而会导致爸爸妈妈找不到自己，更加着急，也有可能因此与爸爸妈妈错过。所以乐乐让收银阿姨去广播室呼叫爸爸妈妈，而自己则留在原地等着爸爸妈妈，这是非常明智的举动。

当然，乐乐这是在不知情的情况下被爸爸妈妈演习了一把。对于已经上四年级的乐乐而言，这样的演习还是可以承受的，毕竟他已经十岁了，而且能够分析情况，做出理智的选择。但是如果面对比较小的男孩，父母就不要盲目采取这样的方式，否则孩子会因为害怕和恐惧，而导致心中留下阴影。对于小男孩，父母可以先给孩子讲道理，告诉孩子遇到某些情况应该怎么做，然后在征求孩子同意的情况下，与孩子展开安全演习。必要的时候，还可以让亲戚、朋友等进行配合，为孩子模拟真实的情况，这对于帮助孩子从安全理论的掌握过渡到安全能力的提升很有好处，也是卓有成效的。

应变与应急能力，青春期男孩要及早掌握

一天下午放学后，乐乐背着书包，和几个同学一起朝家里走去。等到了偏僻的地方，突然有几个看起来流里流气的初中男孩挡在他们面前，嘴巴里还叼着烟，睥睨着他们，对他们说："嘿，小孩，有没有钱啊，有钱赶紧掏出来，没钱就要挨揍。当然，如果既没有钱也不想挨揍，那就把这两个女孩留下来，陪着我们玩玩。"几个同学都很慌张，尤其是两个女孩更是吓得马上哭起来。因为乐乐接受过妈妈的安全教育，所以努力让自己恢复平静。他问那几个初中男孩："你们要钱做什么？我们是小学生，根本没有钱。"

初中男孩当即上去拉拉扯扯两个女孩，其他的两个男生马上跑掉了，乐乐灵机一动，从书包里拿出自己的零花钱，卷成一团扔到远处的地上，说："这里有几十块钱，给你们！"那几个初中男孩一看有钱，赶紧跑过去捡钱了，这时，乐乐趁机拉着两个哭哭啼啼的女孩跑到大路上，一溜烟地逃开了。回到家里，乐乐把事情的经过告诉妈妈，妈妈赶紧表扬乐乐："乐乐真棒啊，居然可以活学活用，保护女孩了。看着吧，你这下子可成了女孩心目中的英雄呢！不过，这件事情必须引起重视，妈妈明天就去学校找老师和校长，事情发生的地方距离

你们学校很近，看来学校以后要为你们提供保护。"得到妈妈的表扬，乐乐沾沾自喜，尤其是听到妈妈说要去联系学校，乐乐更是如释重负："那可太好了，妈妈，我本来还担心明天放学再遇到这几个人，会被暴揍一顿呢！"妈妈对乐乐说："不过，你们以后上学放学都要注意，尽量走大路，不要走偏僻的小路。大路上人多，更容易呼救，所以也更安全。"乐乐点点头说："我们以后再也不为抄近路，就走小路了。"

在这个事件中，乐乐的应变能力还是很值得称赞的。他没有把钱丢到近处，而是把钱丢到远处，这样才能为自己争取时间，带着女生逃跑。而且面对初中男孩的恐吓，乐乐也没有吓得蒙了头，而是能够理性地与初中男孩沟通斡旋，从而给予自己时间想出解决的办法。乐乐的策略很对，在偏僻的地方，他没有第一时间呼救，以免激怒施暴者，而是先让场面保持理性，从而才能圆满解决问题。在人少的偏僻地方，呼救非但不能得到有效救援，反而会导致事情激化。所以遇到危险的时候千万不要盲目地大喊大叫，而是要更加理性，保持平静。

所谓应急能力，就是应对突发事件的能力；而所谓应变能力，就是当突发事件的发展超出自己的想象，突然发生巨大改变的时候，采取的处理方式。作为男孩不但要有安全意识，拥有自我保护的能力，而且要能够从容应对各种突发情况，具有应变能力。这样一来，才能做到兵来将挡，水来土掩，也才能在各种危机的事件之中成功脱身。

当然，应急和应变能力并非通过接受安全教育就能获得。大多数男孩，只能在紧急情况真的发生时，才有机会独当一面处理问题。而如果情况比较棘手，男孩则往往不能从容应对。为了在日常生活中就有目的地提高男孩的应急和应变能力，父母还可以在遇到突发情况时，有意识地让男孩独立处理问题，或者有计划地为男孩提供和制造一些紧急情况，相信当男孩身经百战之后，应急和应变能力都会大大提升，这必然会为男孩的安全保驾护航。

永远要将生命安全放在第一位

有一天，乐乐独自去上培训班，因为去得比较早，电梯里只有乐乐一个人。上到五层时，突然又上来一个人。这个人看起来五大三粗，面相凶狠，看到乐乐是个孩子，又看到乐乐脖子上戴着保平安的纯金生肖项坠，因而生出了歹意，威胁乐乐把生肖项坠摘下来给他。距离要到达的十九层还有一段时间呢，乐乐很清楚自己不能激怒歹徒。为此，他骗歹徒说："叔叔，我这个是假的，你要的话就给你吧！"听说生肖项坠是假的，歹徒有些意外，恶狠狠地说道："你这个小兔崽子，居然敢骗我。假的我也要，赶紧摘下来。"看到歹徒没有上当受骗，乐乐心知自己的生肖项坠保不住了，就顺从地把生肖项坠摘下来给了歹徒。正当此时，十九楼到了，乐乐赶紧挣脱歹徒跑出电梯，一口气跑到老师的办公室里。看到乐乐气喘吁吁的样子，老师很惊讶，问："乐乐，你怎么了？"乐乐来不及和老师说话，赶紧把门反锁上，并且拿起办公室里的座机拨打了110。老师看到乐乐吓得扭曲的小脸，也当即检查门有没有锁好，又在乐乐挂断电话后拨打了物业的电话，让物业赶紧派来保安。直到做完这一切，乐乐才有时间把刚才发生的惊险一幕告诉老师。

　　老师心惊胆战，赶紧检查乐乐有没有受伤，在确定乐乐安全无虞之后，又打电话通知妈妈放学的时候来接乐乐。妈妈接到电话当即赶到培训班，把乐乐紧紧抱在怀里。老师静下心来，问乐乐："你看到歹徒怎么没有喊叫呢？大多数人一旦遇到危险，第一时间就会喊叫啊！"乐乐惊魂未定，却一本正经地告诉老师："老师，如果喊叫就太愚蠢啦，我当时被歹徒控制，而且电梯里只有我们两个人，万一我喊叫激怒了歹徒，他把我勒死怎么办。虽然生肖项坠是爸爸妈妈送我的生日礼物，但是我想还是我的小命更重要。"妈妈连连点头，连声夸赞乐乐："对，没错，生命第一，你一定要永远记住妈妈说的话。"老师想了想，又对妈妈说："乐乐妈妈，尽管纯金的生肖项坠有保护孩子平安的寓言，不过为了孩子的人身安全，以后还是不要再戴了。毕竟社会上闲杂人等很多，今天这个人应该是看到生肖项坠才临时起意要抢劫乐乐的，不然谁会到写字楼的电梯里抢劫呢，对吧？"老师的话也提醒了妈妈，妈妈后悔地说："以后不戴了，我之前只想着好玩，没想到这么个小东西还会让坏人心生歹念。"老师说："虽然东西小，不过孩子也小。这个东西要是戴在大人身上也许就没事，说不定歹徒正是看到孩子小，才临时萌生出抢劫的想法呢！"妈妈点点头，觉得老师说的话很有道理。

　　对于年幼的孩子，不应该戴贵重的物品，其实就算是成人，也不要总是穿金戴银地露富，说不定哪天就会招致坏人的歹意呢。乐乐的做法很对，一开始他想保护自己的生肖项坠，所以欺骗歹徒说生肖项坠是假的。没想到，歹徒没有轻易上当，依然坚持索要生肖项坠。这种情况下，乐乐始终牢记妈妈说的"生命第一"的教诲，顺从地把生肖项坠摘下来交给歹徒，从而避免了自己受到歹徒伤害。

在一口气跑到老师办公室之后，乐乐第一时间先把门反锁好，因为他很清楚如果歹徒尾随而来，柔弱的老师也根本不是歹徒的对手。锁好门，报警，然后乐乐才有时间告诉老师发生的一切。老师又打电话叫来物业的保安，可谓是万无一失。很多犯罪都是激情犯罪，即在犯罪之前没有预谋，是因为受到外界的刺激导致心理状态发生改变，所以临时心生歹意，做出违法犯罪的举动。

面对危急的情况，很多人都会做出下意识的反应，尤其是孩子，因为感性大于理性，所以更会凭着本能做出反应。在很多犯罪行为中，歹徒原本只想求财，却因为遭到剧烈的反抗而导致谋财害命。乐乐的做法满足了歹徒的需求，因而歹徒并没有做出伤害乐乐的举动，这是因为乐乐始终牢记生命第一，而没有把生命置于金钱之后。这一点不仅值得每一个男孩学习，也值得每一个成人学习。记住，在任何紧要关头，保证生命安全都是最重要的。别说是小小的生肖项坠了，就算是所有的财产，也比不上生命更珍贵，更值得保护。

勇敢少年要敢于拒绝，坚持自我

最近，学校里要举行运动会，作为班级里最高的孩子，乐乐被分派参加八百米跑。乐乐当即想到体育课上参加八百米跑的难受劲头，因而很想拒绝老师。然而，看着老师殷切的眼神，他又不知道该怎么说了。

回到家里，乐乐把这件事情告诉爸爸，对爸爸说："爸爸，老师想让我参加，我不敢拒绝，万一拒绝之后老师不喜欢我了怎么办呢！而且，我也担心同学们会嘲笑我。"爸爸认真地问乐乐："你跑八百米真的觉得很难受吗？是正常的难受和疲劳，还是觉得身体吃不消呢？"乐乐认真回想，对爸爸说："是真的很难受，心脏怦怦直跳，就像要从我嘴巴里跳出来一样，而且胸部也有些疼，感觉喘不上气。"爸爸告诉乐乐："不是每个人都适合中长跑，一定要尊重身体的感受，才能保护自己。有些人逞强去长跑，结果反而把性命丢了，这种事情也是有的，所以你应该相信自己身体的感觉，告诉老师你也许擅长短跑，但是不适合中长跑。或者你还可以去掷铅球等，都是可以的。"乐乐嗫嚅着说："同学们会不会为此笑话我是懦夫呢？"爸爸抚摸着乐乐的头，语重心长地说："一个人是否勇敢，并不以逞强为标准，而是知道自己能做哪些事情，也承认自己的不足，明确自己不能做哪些事情。否则，就是莽夫之勇，是不值得提倡的。"乐乐还是很担心："万一老师因此而不喜欢我怎么办呢？"爸爸笑了，说："老师可不像你想的那么小心眼。首先，老师也需要保证每个同学的人身安全，其次，老师更喜欢看到你们健康成长，拥有拒绝的勇气。"

在爸爸的鼓励下，乐乐次日去了学校就找老师拒绝了八百米跑的项目，乐乐把自己与爸爸讲述的感觉也告诉了老师。老师有些后怕，说："你这孩子，如果不能跑就要说出来啊，不然万一出了什么意外，老师可承担不起这个责任。"就这样，乐乐勇敢地拒绝老师，而选择了自己擅长的运动项目，不但没有"得罪"老师，反而让老师刮目相看呢！

在成长的过程中，男孩也会遇到很多选择，这些选择或者是自己可以主动做出的，或者是被他人强加的。面对自己心不甘情不愿尤其是身体不允许的情况，一定要勇敢地说不，学会拒绝，这样才能有效保护自己。如果一味地委曲求全，反而伤害了自己的身体，那就得不偿失了。

随着不断地成长，在人生之中，男孩还会面临更多需要拒绝的情况。如果不能早早地拥有拒绝他人的勇气，掌握拒绝他人的方式和方法，那么男孩就会变得更加被动。记住，每个人都是自己生命的主人，都要学会主宰自己的人生。任何情况下，都要坚持自己的意愿，哪怕是面对父母，也不要无条件地言听计从。唯有活出属于自己的精彩，才是真正男子汉的作为，也才能拥有与众不同的人生。需要注意的是，不仅对于老师和父母的不合理要求要拒绝，即使对于朋友、同学的不合理要求，男孩也不要总是讲究哥们义气，而忽略了自己的内心。每一个男孩都要记住，唯有自己才是自己的主人。

青春期男孩要学会自我保护

放学路上，乐乐遇到一位问路的阿姨。乐乐非常热心地告诉阿姨她想找的地方在哪里。阿姨看到乐乐这么热情，所以对乐乐提出了要求："小朋友，我初来乍到，对道路的情况不熟悉，而且有些晕头转向，也分不清楚东西南北。你看你已经放学了，能不能再帮帮阿姨，把阿姨送到目的地呢？"乐乐很痛快地答应了阿姨的请求，带着阿姨朝着目的地走去。正当快要接近目的地的时候，阿姨又说："小朋友，我记得附近有个水果超市。你能不能等我一下，我去买点儿水果，也好带给老朋友当礼物。"乐乐看到这个阿姨有些得寸进尺，突然间警惕起来，对阿姨说："阿姨，水果超市就在附近，而且距离你要去的地方也不远了。我妈妈就在旁边的大楼里上班，我去找妈妈了，你自己一个人去买水果吧！"说完，乐乐一溜烟跑到附近一座非常繁华的写字楼里，只留下阿姨独自呆呆地站在原地。

乐乐进入写字楼之后，待在保安身边朝外观察了很久，发现阿姨没有尾随自己，才又小心翼翼地走到大路上，快步朝着家里走去。回到家里，乐乐和爸爸说起自己的经历，爸爸不由得惊出一身冷汗。爸爸当即郑重其事地告诉乐乐："乐乐，你这样与陌生人靠近是很危险的。有的陌生人带着迷药，如果与他们靠近，你会变得意识模糊，上当受骗。还有的陌生人是团伙犯罪，会以各种理由把孩子骗到偏僻的地方，然后拐卖。你今天很危险，不管那个阿姨是真的问路，还是假的问路，你以后都不要给任何陌生人带路。并且当陌生人靠近你的时候，你还要保持警惕，与陌生人保持安全距离。"爸爸的话让乐乐心服口服，他也感到非常后怕，当即向爸爸保证自己以后会提升安全意识。

幸好乐乐还有一定的安全意识，也相对比较警惕，才没有继续给那个阿姨带路。如果那是个居心叵测的阿姨，等到阿姨的救兵来了，乐乐再想脱身就会很难。如今，坏人的花样越来越多，问路只是最简单的骗术，还有些坏人居然带着孩子与小朋友一起玩耍，从而让小朋友放松警惕，上当受骗。作为男孩，一定要形成安全意识，具备自我保护的能力，掌握自我保护的技巧，才能够保证自身的安全。

事例中，乐乐在觉察到情况出乎自己的意料之后，第一时间就说自己的妈妈在附近的大楼里上班，这样一来对问路的阿姨产生了震慑的效果，因为在孩子熟悉的环境里，想要对孩子做出不好的行为并不那么容易，说不定还会碰到孩子的熟人，导致自己也很难逃脱呢！所以乐乐看似无意撒谎说妈妈就在旁边的大楼里上班，对于他的顺利脱身其实有很好的作用和效果。

每个男孩在成长过程中，都要面对身边瞬息万变的复杂情况。虽然在学校里有老师保护，在家里有父母保护，但是随着不断地成长，男孩总是要脱离学校和家庭，独自展开行动。在这种情况下，男孩就必须掌握自我保护的技巧，才能在危急的情况下顺利脱身，也才能给予自己更有效的保护。

青春校园，男子汉要提升自我保护能力

从幼儿园开始，男孩就离开父母的保护伞，独自融入集体生活。到升入小学、初中、高中，男孩真正成为集体的一分子，与父母的距离更加疏远。有些父母能成为男孩的朋友，可以更加密切关注男孩的生活，而有些父母则不了解男孩，也就渐渐疏离了男孩的内心。在走向独立的过程中，男孩一定要提升自我保护能力，才能度过快乐安宁的校园生活，毕竟校园也不是纯粹的乐土，同样会使男孩面临危险，遭遇困惑。

面对新同桌，要主动展示你的友好

作为六年级的学生，皮皮在班级里人缘很好，尤其受到女同学的欢迎和喜爱。这是因为皮皮不但长得白白净净，而且性格温和，心思细腻，所以做事情非常周到，说起话来也是温言细语的。从五年级开始，皮皮与小丽就是同桌，不但平日里对小丽很照顾，当小丽遇到困难的时候，皮皮也是冲在前面。渐渐地，小丽越来越喜欢皮皮，对皮皮升腾起异样的感觉。

有段时间，皮皮总觉得小丽怪怪的，原本皮皮与小丽的关系非常好，彼此就像铁哥们一样，但是小丽却突然间变得害羞腼腆起来。有一次学校举办运动会，皮皮邀请小丽当他的啦啦队，小丽都拒绝了。为此，皮皮很苦恼，不知道小丽为何突然有这样的变化。直到有一天，皮皮打开语文书，发现书里夹着一封信。读了这封信，皮皮突然脸红起来，而坐在一旁的小丽更是羞红了脸。原来，这是小丽给皮皮的示好信。小丽在信中对皮皮表达了爱慕之情，并且希望皮皮能与她好。皮皮被吓到了，幸好没有表现出什么异样，更没有被老师和同学发现。皮皮认真想了想，觉得自己还小，不能谈恋爱，因为不知道如何拒绝，所以他又找了机会把信还给了小丽。小丽当然知道皮皮还回信件的意思，非常受伤，也许是因为恼羞成怒吧，她居然与皮皮成为仇人，总是想与皮皮对着干，伤害皮皮。皮皮感到很难过，他想不通：难道不谈恋爱，连同桌也做不成了吗？在被小丽无缘无故挖苦好几次之后，皮皮决定找到老师调座位，给自己一个全新的学习环境。

通常，人们以为男孩在小学阶段发育没有女孩成熟，事实也的确如此。皮皮的心理发育没有小丽成熟，所以面对小丽的示好信，皮皮丝毫不感到激动，只觉得很恐惧。他几乎毫不犹豫就拒绝了小丽的好意，又不知道如何拒绝，只能把信件再还给小丽。对于皮皮的表现，小丽自然觉得自尊心受到伤害，因而也无法心平气和地继续与皮皮当好同桌。无奈之下，皮皮倒是很果敢，主动找到老师要求调整座位，这样一来，换了同桌，皮皮能有崭新的开始，小丽也不至于每天都要面对皮皮而觉得难堪和尴尬了。

　　从六年级开始，很多女孩都进入青春期，而男孩还处于懵懂无知的状态。在这种情况下，女孩明显比男孩成熟，很多男孩都会遭遇情窦初开的女孩"骚扰"。需要注意的是，进入青春期之后，异性之间彼此生出好感是很正常的表现，因而面对女孩的示好，男孩也无须紧张，更不要把这件事情小题大做，给女孩造成伤害，也给自己带来困扰。事例中皮皮的做法非常好，他尽管感到很突然，却没有把事情说出去，而是保守着秘密，以调整座位的方式给自己和小丽以崭新的开始。这样的选择和做法，不管是对皮皮还是对小丽，都是有好处的，也是对彼此最好的保护。其实，为了与更多的同学加深了解，彼此熟悉，经常调整座位是有好处的，所以调换座位是学校生活中的常事，根本不会引起任何人的怀疑和关注。这样一来，一场风波也就消失于无形。这么做，皮皮也是在保护自己，避免自己成为流言蜚语的中心。

同桌之间互助互爱，拒绝冷漠自私

换了同桌之后，皮皮新鲜了一段时间，也因为远离了小丽，而觉得满心轻松。没过多久，皮皮就发现了新问题。原来，皮皮的新同桌娜娜是个小肚鸡肠的女孩，而皮皮在与小丽长时间相处的过程中，已经习惯了小丽的谦让，所以经常一个人占据大半张桌子。小丽习惯了皮皮的大块头，也因为对皮皮有好感，所以非但不计较皮皮占据大半张桌子，反而很欢迎皮皮的侵占。但是娜娜则不然。娜娜本身块头就比小丽大，不但比小丽高，也比小丽胖，因而面对皮皮的"霸道"，娜娜根本不能容忍，在几次三番对皮皮提出郑重警告，让皮皮不要超越界线，没有起到较好的效果之后，娜娜索性画了一道三八线，以此来时时刻刻提醒皮皮不要越界。

面对这道三八线，皮皮心中也很生气，他想到和小丽同桌的时候各种方便，因而对娜娜心生芥蒂。有一次，娜娜忘记带圆规了，皮皮却不愿意把圆规借给娜娜用，理由就是有三八线为界，他不能超过三八线去帮助娜娜。如此一来，皮皮和娜娜的同桌关系陷入了恶性循环，越来越差。有一次考试，皮皮也忘记带文具了，他想起三八线，不敢和娜娜借，因而就举手求助于老师。老师很惊讶地问："皮皮，你的同桌就有啊，为何不向你同桌借？"当皮皮说出三八线的事情，老师不由得批评皮皮："皮皮，你可是男子汉，为何与女同学斤斤计较呢！虽然娜娜画了三八线不对，但是同时你也要注意，毕竟课桌上的空间有限，你不能总是占用娜娜的空间。尤其是当娜娜向你求助的时候，你更应该拥有高姿态，这样才能以德报怨，不就可以缓和与娜娜之间的关系了么！你以前可不是这样小肚鸡肠的，与老同桌相处那么好，新同桌也要好好相处哦！"在老师的一番教育下，皮皮突然醒悟，意识到自己不能总是以小人的心态对待娜娜，而是要更宽容大度，相信不久的将来，娜娜也会有所改变的。从此之后，皮皮不再与娜娜怄气较真，总是积极主动地帮助娜娜。渐渐地，他与娜娜的同桌关系越来越好了。

在这个事例中，皮皮原本对老同桌小丽非常好，也因此得到了小丽同样的对待。但是皮皮和娜娜是新同桌，此前只是普通同学，了解不够深入。因而当皮皮占据大半张桌子的时候，娜娜自然不愿意，而且还忍无可忍地画下了三八线。皮皮对此耿耿于怀，还以此为借口拒绝帮助娜娜，由此导致同桌之间的关系越来越差。幸好老师教育得及时，皮皮才没有把同桌情谊葬送在三八线之上。对于皮皮的改变，娜娜也是看在眼里的，因而他们的同桌关系才渐渐缓和，彼此的相处也更加和谐融洽。

在学校里，男孩难以避免地要与各种脾气秉性的同学打交道。这些同学之中，既有男孩，也有女孩。与性格相似的男孩打交道尚且还好，与脾气秉性截然不同的女孩打交道，男孩往往陷入被动之中，也因此导致人际关系紧张。要想为自己营造良好的学习氛围，建立良好的人际关系，男孩就要学会与同桌相处，不要与女孩斤斤计较。唯有如此，男孩才会拥有和谐融洽的人际关系，也才会拥有愉快的校园生活。记住，真正的男子汉是不会被三八线阻挡住的，因为男孩的心胸开阔，心中能纳天地，所以男孩才能处处受人欢迎，成为社交达人。

文具使用要小心

有段时间，美术课上需要用到壁纸刀，为此皮皮总是带着壁纸刀去学校。即使美术课上的手工课结束了，皮皮也因为喜欢做美工，所以没有把壁纸刀放在家里。有的时候，皮皮还用壁纸刀削铅笔，感觉非常方便。

一天中午，吃完午饭，皮皮和同桌娜娜嬉笑打闹，假装拿出壁纸刀威胁娜娜一定要服从。不承想，因为娜娜反抗剧烈，锋利的壁纸刀一下子划破了娜娜的衣服，还把娜娜的胳膊划破了。看到流出血来，娜娜当即恐惧得哇哇大哭，皮皮则变得脸色惨白，不知所措。在同学的通报下，老师闻讯赶来，因为不知道娜娜的伤势如何，老师也非常紧张。看到老师来了，皮皮正想解释，老师当即制止皮皮："等会儿再和你算账，别说话，先来看看娜娜受伤情况。"老师赶紧带着娜娜去了学校的医务室，医生检查之后说娜娜只是皮外伤，没有大碍。在给娜娜清洗、消毒之后，医生给娜娜进行包扎，足足折腾了一节课，娜娜才回到教室里上课。

发生了这么大的事情，老师不敢隐瞒，第一时间就打电话向娜娜妈妈说明情况，并且再三告诉娜娜妈妈没有大碍，是皮外伤。然后，老师把皮皮叫到办公室，让皮皮交代当时的情况。皮皮不敢隐瞒，一五一十地把事情发生时候的情况都告诉老师，并且再三强调"我只是开玩笑的"。老师板着脸说："你说你是开玩笑的，难道就是开玩笑吗？娜娜好好的一件衣服被你划破了不说，还受伤流血了，就算我相信你，你觉得娜娜的家长会善罢甘休吗？你就祈祷着人家不追究你的责任吧，这么大的人了，做事情一点分寸都没有。况且，你的文具盒里为何会有壁纸刀啊？学校规定不许带锋利的刀具，你难道不知道吗？"皮皮这才意识到问题的严重性，嗫嚅着说："我是前几天上美术课用的。"老师当即反问："美术老师让你用壁纸刀在同学身上画画、恐吓同学的吗？"皮皮语塞了。老师语重心长地说："很多事情是可以解释的，也可以挽回，但是有些事情一旦发生，就会追悔莫及。你幸好是划到娜娜的胳膊，如果你一不小心划到娜娜的脸，给人家一个漂漂亮亮的小姑娘脸上留下疤痕，那你可就罪过大了。"皮皮低下头，认识到错误之后，他很懊悔。老师看着皮皮，说："我已经打电话通知娜娜的妈妈放学时来学校了，现在你也通知你的妈妈或者爸爸放学来学校，与娜娜妈妈见一面，好好道歉，知道吗？"皮皮答应了老师的请求，用办公室的电话拨通妈妈的电话。果然，一听到皮皮用壁纸刀弄伤了同学，妈妈非常紧张。等到皮皮和妈妈通话后离开办公室，老师才安抚了皮皮妈妈，又叮嘱皮皮妈妈在见到娜娜妈妈后一定要真诚地道歉。在老师的协调和沟通下，这件事情才以皮皮和妈妈的真诚道歉宣告结束。从此之后，除非美术课需要，皮皮再也没有带壁纸刀去学校。

　　网络新闻曾经报道，一个男孩用锋利的壁纸刀割伤了另外一个男孩的后背，导致那个男孩缝合了几十针，衣服破烂不堪，后背也破烂不堪。当然，这属于用壁纸刀伤害同学的恶性伤人事件，和事例中皮皮不小心用壁纸刀划伤娜娜属于完全不同的性质。正如老师说的，很多事情可以解释也能挽回，而很多事情一旦发生就使人追悔莫及，也根本无法挽回。在这种情况下，必须杜绝孩子们带着锋利的工具去学校，以免冲动的孩子因为愤怒或者因为做事情没有分寸，伤害了同学。

　　作为孩子们在学校里的监护人，老师对于孩子们的各种出格表现实际上也是非常担忧的。老师最希望孩子们在学校里平平安安，专心致志地学习。作为男孩，正在步入青春期，很容易陷入冲动之中，因而一定要控制好自身的情绪，并且杜绝带任何锋利的伤人器具去学校。这样才能避免因为情绪冲动而做出让自己后悔的举动，与此同时，男孩还要控制好自身的情绪，既不要过于激动，也不要过于愤怒。唯有保持情绪的平静和理智，男孩才能战胜自身的弱点，正确处理好与同学之间的纠纷或者打闹。

小心谨慎，安全第一

最近几天放学之后，皮皮总觉得自己身后有人。他不止一次地回头去看，却没有发现任何可疑人物。前几天，皮皮还想自己解决问题呢。然而，在观察了几天都没有结果之后，皮皮才想到自己应该把异样的感觉告诉爸爸妈妈，从而向爸爸妈妈寻求帮助。

听完皮皮的讲述，妈妈觉得皮皮完全是无中生有，因而说："你这个孩子真是多疑，就算要自我保护，也不能草木皆兵吧。你上学放学都是大白天，跟踪你这个大小伙子干嘛呢！"爸爸听到皮皮说自己的感觉很强烈，因而引起了重视。虽然嘴巴上没说什么，但是爸爸次日却早早向单位请假，去皮皮的学校蹲守。果不其然，皮皮放学之后走出校园才没多久，就有个戴着帽子和墨镜的男人跟在皮皮身后。皮皮的警惕意识很强，时不时地扭过头来检查身后的情况，每当皮皮要回头时，这个男人马上隐藏在人群之中，躲避起来。爸爸没有声张，悄悄拍了几张照片作为证据，次日去派出所找到民警和自己一起蹲守。果然，他们顺利地抓住了这个男人，而且查明了这个男人的身份。原来，这个男人是人贩子，专门从事人体器官的买卖。看到皮皮每天都是自己上学放学，这个人贩子就瞄准了皮皮，每天都尾随皮皮，只等着合适的机会下手呢！得知真相后，妈妈吓得呜呜直哭，非常懊悔自己没有听信皮皮的话，也十分感谢爸爸足够警惕，从而避免了皮皮遭遇大的劫难。

很多孩子都是马大哈，对于身边的异常情况往往不能及时感知，敏感觉察。即使他们如同皮皮一样非常敏感，把情况告诉了父母，求助于父母，也还有很多父母都和皮皮妈妈一样神经大条，觉得孩子完全是多疑。现代社会，各种情况非常复杂，而坏人的脑门上从来没有标注。因为孩子处于弱势群体，尤其是很多半大不小的孩子开始渐渐脱离父母的保护，因而也给了坏人可乘之机，让坏人借机对孩子下手。在这种情况下，父母一定要时刻注意保护孩子，而且要学会倾听孩子的表达。不要觉得孩子小，缺乏判断力，就对孩子的话不以为然。正因为孩子小，缺乏判断力，所以父母更要重视孩子无厘头的表达，因为那正是危险的蛛丝马迹。

安全无小事，每个父母都要把孩子的安全问题放在第一位，即使是男孩子，也要更加小心谨慎观察周围的环境和情况，尤其是在发现异常情况时，一定要第一时间向父母或者老师求助。需要注意的是，求助的时候，男孩要向父母和老师求助，而不要把事情告诉同学。因为同学和男孩一样都还缺乏经验，也没有足够的能力解决问题，所以同学不但不能切实有效地帮助男孩，反而会导致事情陷入更糟糕的境遇之中，给男孩造成不可挽回的伤害。每一个男孩都要记住，父母永远是最值得信任和托付的人，永远是你最坚强的后盾和依靠。即使在外面犯了错误或者受了委屈，男孩也要及时告知父母，才能圆满解决问题。

遭遇同学勒索，青春期男孩应该如何处理

升入初一之后，皮皮自我感觉良好，总觉得自己已经成为初中生，是大孩子了，因此去哪里都表现出一副男子汉的模样。然而，一个学期还没有结束，皮皮就遇到了麻烦事。原来，初三年级的几个男孩看到皮皮总是穿着名牌，因而判断皮皮家里一定很有钱，皮皮也一定有很多零花钱，所以瞄上了皮皮。

一个周五的下午，皮皮因为不着急回家写作业，就留在学校里和同学多玩了一会儿。到了回家的时间，皮皮才走出校园没多久，就被那几个初三的男孩拦住了去路。几个男孩对皮皮说："你这小子吃得好穿得好，一看就是家里有钱的主。赶快把你的零花钱掏出来，就当是买路了。"皮皮从未见过这样的阵势，很担心自己会挨揍，因而乖乖地把所有的零花钱都掏出来，交给了初三男孩。不承想，初三男孩并未因此而收敛，反而继续恐吓皮皮："记住，周一上学的时候多带点钱来，至少五十块，否则有你好受的。还有，不许把这件事情告诉任何人，否则我们就会把你揍得找不到北。"就这样，曾经每到周末就很高兴的皮皮，这次却变得莫名悲伤起来。他一个周末都提不起兴致，却不敢告诉爸爸妈妈真相，爸爸妈妈还以为他身体不舒服了呢。

　　周一，皮皮带着一百元钱去学校，果然下午放学的时候又被那几个初三男孩拦住了。皮皮可怜兮兮地掏出一百元钱，说："这是我所有的钱，以后不要再找我要了。"看到皮皮轻而易举就拿出一百元钱，初三男孩更加得寸进尺了，恶狠狠地说："不可能，以后每个星期都要上交一百元钱，否则看我们怎么收拾你！"看到初三男孩穷凶极恶的样子，皮皮吓得哭起来。回到家里，爸爸妈妈看到皮皮哭红的眼睛，赶紧询问皮皮到底是怎么回事。皮皮这才抽泣着说出真相，爸爸当即暴跳如雷，说要去找那几个孩子算账。妈妈相对理智地说："这件事情没有那么简单，搞不好皮皮就会遭到报复。我觉得应该先通知学校，然后让学校通知家长，实在不行就报警。不过，我还是建议给那几个孩子留条出路，也省得他们打击报复，以通知学校为主吧！"在与学校沟通之后，皮皮爸爸妈妈也见到了那几个孩子的家长，进行了严肃而又认真的沟通。皮皮提心吊胆很长时间，噩梦终于消除了，再也不担心在上学放学的路上遭遇敲诈勒索了。

　　随着社会的发展，信息的传播速度越来越快，所以孩子们的心理成熟速度也随之增快。对于半大不小的孩子而言，既有些懂事，又有些不懂事，因而处于懵懂无知的状态。在这种情况下，他们是很容易做出违规事情的。男孩虽然比女孩强壮，有一定的自我保护能力，但是孩子毕竟是孩子，对于很多事情的判断和分析都还不到位，尤其是对于事情的处理方法不仅不成熟，更容易陷入误区。当孩子在校园中遭遇欺凌或者恐吓勒索时，作为父母，一定要端正态度，不要觉得孩子之间就是小打小闹，不至于造成多么严重的后果。在父母的不知不觉中，孩子已经渐渐长大了，不是那个对父母百依百顺的孩子了。孩子开始拥有自己的思想意识，也逐渐地独立，最终疏离父母，加速融入自己的集体之中。在这种情况下，集体生活对于孩子将会起到很重要的影响作用，这是父母不容小觑的。

如果男孩在学校的生活中得不到安全感，不能安全放心地去学校，那么渐渐地，男孩就会越来越焦虑，甚至对学校产生排斥和抵触的感觉。每一个男孩的成长都需要全方位的呵护，父母更要当好男孩的监护人，培养男孩勇敢坚定的品质。当然，解决此类问题的一个首要原则就是，既要保护好自己，也不要把对方逼急，还能让对方知难而退，有所收敛。并且，为了更好地保护自己，男孩还要注意，当对方人多势众的时候，不要以硬碰硬，更不要激怒对方。正如前文所说的，在一切情况下，生命都应该放在第一位，男孩尽管身强体壮，也要避免盲目地以卵击石，从而导致事态发展失控。当然，解决问题的策略是很多的，但是也有不可妥协的原则。那就是绝不要以"仅此一次"为借口就放纵对方的行为，否则你会发现事情总是在不断恶化，而绝不像你所想象的那样仅此一次。面对校园勒索、恐吓和威胁，每个男孩都要坚持做出快速应急反应，以灵活机智的策略最大限度地保证自己的生命安全，才能真正圆满解决问题。

异性相吸，青春期男孩与女孩相处要把握好度

皮皮才上初一，心理年龄渐渐成熟，班级里的很多女孩也更加成熟起来，有的女孩甚至会主动对男孩伸出橄榄枝。如果说在六年级阶段皮皮属于不解风情，那么到了初一，耳濡目染异性之间的相处，皮皮也渐渐地开始对异性产生好感。回想起六年级时拒绝同桌小丽的事情，皮皮就很懊悔：我那会儿怎么是榆木疙瘩脑袋呢，居然拒绝了小丽的好感。如果现在还有机会摆在我面前，我一定不会放过，而是开始一场轰轰烈烈的恋爱。

正是在这种思想的驱使下，皮皮不止一次发现班级里或者同年级的某个男生和女生"好"上了。这让皮皮的内心也蠢蠢欲动，恨不得也找个女孩谈恋爱。有段时间，皮皮和同桌小美暗生情愫，居然还与小美写起了小纸条，彼此互诉衷肠。随着交往的不断深入，皮皮与小美的关系也越来越亲近，他们不满足在学校里整日相见，居然在周末的时候去校外幽会，还手挽手散步，在偏僻的地方拥抱。一个周末，皮皮和小美一起去爬山，却遇到了学校里的老师，因而他们的早恋就这样被发现了。皮皮很快被老师约谈，也与小美调开了座位，为了起到更好的效果，老师还通知了皮皮的父母，让父母对皮皮严加管教。恋情从地下转为地上，马上变成了"见光死"，皮皮懊丧

极了，抱怨自己没有做好保密工作，才会导致初恋如同昙花一现。

爸爸好不容易才找到机会，假装无意和皮皮谈起早恋的问题。爸爸对皮皮说："早恋结出来的都是苦果，还会影响学习，得不偿失。"皮皮对此不以为然："早恋也未必会影响学习啊，如果相互促进，还能提高学习呢！"爸爸不想在此问题上与皮皮过多纠缠，说："的确有些感情是能激励人进步的，但是作为青少年，你们还太感性，缺乏理性。爸爸不是反对你早恋，但是希望你能保持与异性之间的距离，不要超越友谊的界限，这样等到适宜的年纪，才能收获美好的感情。"听到爸爸对自己的解释，皮皮不像之前那么排斥和抗拒了。

　　在小小年纪就恋爱，的确是让人担忧的事情。正值青春期的孩子们，自以为已经长大了，实际上还处于懵懂无知的年纪。与稚嫩的心灵相对应的，是他们的身体已经渐渐发育成熟，在这种情况下，一旦受到激情和热情的驱使，他们很容易做出冲动的举动。如今，初中女孩怀孕的现象很常见，女孩早孕不但会给身体带来创伤，更会给心灵带来严重的伤害。作为男孩，一定要控制好自己的感情，不要因为冲动而追悔莫及。即使真的对于某个女孩有好感，也应该把彼此的感情控制在友谊的范围内，这样才能让友谊之花常开不败，也才能避免人生因此而误入歧途。

　　要想在与女孩交往的过程中保持理性，男孩就要做好很多细节方面的事情。首先，要从观念上明确男女有别，尤其是进入青春期之后，不要因为觉得女孩也可以当哥们，就与女孩过度亲密接触，导致暗生情愫。其次，要更多地与男孩相处，培养自己的阳刚之气，可以与男孩玩一些更适合男性的运动项目。最后，为了避免对某个女孩产生特殊的好感，男孩还应该有意识地结交更多的异性朋友，从而避免与某个女孩走得太近，或者与某个女孩产生不该有的感情。总而言之，男孩应该理性对待与女孩的友谊，把这段友谊维持在朋友的范围内，这样才能让学习生活更纯粹，避免因为早恋而影响学习和同学间的正常交往。

脆弱的青春期，男孩要懂得保护自己的身体

　　在教养孩子的过程中，很多父母都形成了一个错误的观念，即觉得只有女孩需要注意保护自己的身体，而男孩则不需要关注和保护身体。实际上，这是对性别的误解，也是因为不了解男孩遭遇身体伤害的诸多复杂情况。对于青春期男孩而言，他们也需要保护好自己的身体，才能健康茁壮地成长。

青春期的男孩，你并不懂爱

才进入初二，丁丁就与同班的一个女孩坠入爱河，并且因为冲动，做出了不该有的举动和行为。初尝禁果的他们，就像高速行驶的列车，根本刹不住车，一味地往前冲。才亲密交往几个月，女孩就发现例假连续两次都失约，而且她还出现了恶心呕吐的感觉。女孩以为自己生病了，赶紧告诉妈妈。妈妈压根没想到女孩会怀孕，因而带着女孩就诊。当看到B超单上的结果时，妈妈简直如同遭遇晴天霹雳，觉得天都要塌了。

在妈妈的审讯下，女孩无力抵抗，更无法独自承受，告诉妈妈一切都是丁丁的所为。妈妈辗转打听到丁丁妈妈的电话，和丁丁妈妈说了情况，丁丁妈妈也感到非常惊讶，她简直不敢相信向来听话的儿子会做出这样的荒唐事。事情既然已经发生，就无法逆转，妈妈只好带着丁丁去对方家里负荆请罪，并且表示一切都听从对方的安排。当然，这个孩子是不可能生下来的，后来，为了掩人耳目，两个妈妈带着女孩去外地堕胎，而丁丁因为闯下这么大的祸，又心疼心爱的女孩，也无心学习，导致成绩一落千丈。

真正的爱是什么？真正的爱是爱惜对方，决不让对方吃一点点苦，更不会做伤害对方的事情。在爱情的懵懂无知中，丁丁却伤害了自己心爱的女孩，这让他懊悔不已，也让他心神涣散，根本无心学习。很多青春期男孩都以为自己懂得爱情，却不知道在自以为懂爱的年纪，他们对于爱情却是懵懂无知的。所以青春期男孩不要轻易说爱，在不知爱情为何物的年纪，只有怀着谨慎的态度对待爱，怀着耐心的态度等待自己成长，才是最应该做的。

曾经有一位大名鼎鼎的作家说过，早恋就像是一朵长满刺的玫瑰，闻起来芳香扑鼻，看起来娇艳动人，但是当真正忍不住去触摸的时候，却又被刺无情地扎伤，导致受到伤害，也对爱情心有余悸。提起早恋，很多父母都把早恋视为洪水猛兽，总觉得孩子只要一与早恋扯上关系，就变得无可救药。其实，对于爱情的悸动，是青春期男孩和女孩正常的生理反应与心理需求，完全是无可指责的；父母要做的是引导男孩不要在不知爱的年纪懵懂说爱，而要耐心等待自己渐渐成长，才能初尝爱情。

在进入初中阶段之后，大多数孩子都进入青春期，在大量分泌的荷尔蒙刺激下，很多男孩都无法控制自己对于爱的冲动，与心爱的女孩陷入了爱情的旋涡之中。通常人们都把初中阶段的爱情定义为早恋，这是因为青春期男孩尽管已经有了爱的冲动，但从心理的角度而言，还不懂得什么是真正的爱。实际上，恋爱是没有早晚之分的，就像人睡觉吃饭一样，都是正常的生理需求和感情需求。但是从另一个角度而言，青春期孩子的心理状态不够成熟，身体也处于快速的成长之中，因而爱情根本没有牢固的基础，也很难修成正果。在这个阶段，大多数爱情都是苦果，因此青春期男孩一定要控制住自己的内心冲动，尽量避免早恋。就算真的与心爱的女孩两情相悦，也应该努力控制感情，让彼此保持纯粹的友谊。真正的爱情，是禁得起等待的，与其在不懂爱情的年纪白白浪费了缘分，不如耐心等待，以彼此的努力来换取未来受到祝福的感情。

一旦青春期男孩控制不住身体上的冲动，与女孩发生性行为，轻则伤害女孩的身心健康，也让自己背负沉重的精神负担，重则导致女孩早孕，对女孩的人生造成不可挽回的伤害。

显而易见，这样的结果是谁也不想看到的。很多事情，与其等到发生了再去挽回，还不如在没有发生的时候防患于未然。端正心态，理智对待感情，控制住自己的冲动，这才是理性明智的青春期男孩该做的事情。

恋爱，并不适合青春期

转眼之间，丁丁已经读高中了。为了让丁丁专心学习，爸爸妈妈把丁丁送到一所离家很远的私立高中学习。丁丁从未离开过家，才到学校就陷入对爸爸妈妈的思念之中，又缺乏独立生活的能力，他感到很无助。就在此时，一个女孩走入丁丁的世界，她主动教会丁丁刷碗洗衣服，还温柔地安慰丁丁不要想家。一个孤独寂寞的灵魂，如同突然得到人间甘霖的滋润，丁丁感到满心欢喜，也很快就陷入了对女孩的喜爱之中。

自从在初中的时候导致初恋女孩怀孕并且转学，丁丁对于爱情就心有余悸，他曾经下定决心再也不要早恋，而是要把所有的心思都用于学习上，等到真正成人了，再去寻找初恋。然而，正在此时，温柔的女孩住进丁丁的心里，因为想家而变得脆弱的丁丁，一下子就缴械投降了。原本，丁丁的学习成绩在班级里排名很靠前，但是自从喜欢上女孩之后，丁丁总是情不自禁地走神，还会幻想着和女孩做不该做的事情。再想想初恋女孩所承受的痛苦，丁丁就觉得自己是邪恶的，因而狠狠地批判自己，禁止自己胡思乱想。越是这样，思想越是像脱缰的野马，在丁丁的心中胡乱地冲撞。一个学期下来，丁丁的学习成绩下降得很厉害，还有一门成绩没有及格。寒假回到家里，面对父母责怪和怀疑的眼神，丁丁无言以对。他发誓开学之后要抛开一切非分之想，专心致志地学习，努力考上好大学。但是才开学没几天，丁丁看到女孩就又无法控制自己纷乱的思绪了。

大多数早恋都没有好的结果，一则是因为青春期孩子正处于身心快速发展的阶段，很多方面都没有成型，二则是因为青春期正处于学习的关键阶段，孩子们往往承担着重要的学习任务。由此一来，一旦分心处理感情的事情，青春期孩子必然陷入苦恼之中，在懵懂不知爱的年纪非要弄清楚爱情为何物，可想而知对于青春期孩子而言有多么艰难。

人的时间和精力都是有限的，尤其是孩子，更容易被分散注意力，因而导致在学习上神思涣散，这样一来，必然影响学习，所以对于青春期男孩而言，一定要以学习任务为重。尽管青春期男孩爱慕异性的心理是完全正常的，但是青春期恋爱并非是好事情。当然，如果青春期男孩拥有足够的自制力，能把自己对于女孩的爱埋藏在心底，从而化爱情为上进的动力，默默努力，那么早恋也许会对青春期男孩起到积极的推动作用呢。然而真正能做到这一点的男孩少之又少，因为大多数男孩处于青春期都很冲动，也缺乏自制力。所以为了避免糟糕的情况发生，男孩一定要理性克制自己，把更多的时间和精力用于学习上，也要多多与同性相处。当必须与异性相处时，要避免单独和异性相处，而与更多的异性一起相处，这些都是避免爱上某个女孩的有效防范措施，也可以避免被早恋的苦果砸中。

　　爱情的花朵，只有在最美的年纪绽放才能芳香浓郁，给相爱的人带来幸福和快乐。当青春期男孩情窦初开，不如把这份青涩的感情埋藏在心底，等到最美好的年纪，让爱情就像陈年佳酿一般重现。

男孩也要保护自己的身体

正当丁丁饱受单相思之苦时，他突然发现同宿舍的一个男生很奇怪，总是喜欢和他挨在一起坐着，而且还时常不由分说在就寝的时候爬到他的床上，与他挤在一个被窝，与此同时对他动手动脚。丁丁一开始以为这个男生和自己一样饱受想家的苦，所以对这个男生比较宽容。然而，随着时间的流逝，丁丁发现这个男生越来越过分。例如，有一次丁丁正在淋浴呢，这个男生就拿了洗漱间的备用钥匙打开门进去，说是要和丁丁鸳鸯浴。丁丁忍无可忍，当即怒斥那个男生："滚，快点滚出去，我可不想那么恶心和一个男生一起洗澡。"男生嬉皮笑脸朝着丁丁靠过去，问道："难道你是想和女生一起洗澡？"丁丁不由分说抓起浴巾逃离洗漱间，那个男生得意地哈哈大笑起来。

这次事件，让丁丁意识到那个男生很反常。当那个男生再想靠近丁丁的身体时，丁丁总是坚决拒绝，连碰也不让碰。在被丁丁几次严词拒绝之后，男生不敢再靠近丁丁了。直到在图书馆里看到关于同性恋的书，丁丁才意识到自己不知不觉之间被一个男人吃了豆腐，他突然觉得就像吞了一只苍蝇一样，心里恶心极了。

很多父母，甚至包括相当一部分男孩在内，都觉得只有女孩才要小心保护自己的身体不被侵犯，而男孩根本不可能遭到侵犯，因为他们想不明白有谁要去侵犯男孩的身体呢？其实这个世界远远比人们所想象的更复杂，根本不是那么简单纯粹的。男孩遭到身体侵犯的情况很多，例如事例中丁丁的遭遇，很有可能是因为那个男生有同性恋倾向，而因为大多数男孩包括女孩在内对于同性都缺乏警惕心理，所以他们很少怀疑同性侵犯自己，这也给有同性恋倾向的人以可乘之机。

相比起同性，异性对于男孩的侵犯也很常见。不仅同年龄段的异性有可能侵犯男孩，有很多年纪比较大的异性或者同性，也会侵犯男孩。这是因为人的心理会呈现出各种各样的状态，还有很多人存在心理扭曲。所以在与他人相处的时候，男孩一定要保持警惕，不要因为放松了戒备心理，就遭到他人的侵犯。每个人的身体发肤都受之父母，也是自己生存于这个世界的皮囊，所以要多加爱惜自己的身体，才能健康快乐地成长。

青春期男孩遭遇性骚扰怎么办

　　进入高二年级，丁丁已经长到一米八三了，而且身材笔直挺拔，一看就很英俊帅气。为此，他成为班级里很多女生暗恋的对象。因为丁丁不愿意在高中阶段谈恋爱，所以这些女生对于丁丁只能远观，不能近看。在所有女生中，只有一个女生例外，那就是一向都像假小子，且以哥们对丁丁自居的丹阳。

　　很多默默喜欢丁丁的女生，一看到丁丁就会面红耳赤，唯独丹阳因为在班级里一直像个假小子，很少与女同学亲密相处，反而总是与男生打成一片，因而也就有了与丁丁亲近的理由。刚开始，丁丁以为丹阳真的是哥们，后来才发现，丹阳原来也在默默地喜欢他，并且常常找各种机会吃他的"豆腐"。丁丁对此并不反感，他总是想：反正我是男孩，被吃豆腐也不吃亏。然而到了高三，丹阳不那么淡定了，赶在高考之前，她迫不及待想要向丁丁表白，让丁丁明白她的心意。丹阳一直以来大大咧咧习惯了，不知道如何表达自己的感情。有一天，在操场上夜跑的时候，她与丁丁不约而同都在主席台下面的暗影处休息，趁着四周无人，她突然抱住丁丁，主动地亲吻丁丁。丁丁被她吓了一大跳，赶紧逃开。有了这次之后，丹阳更加大胆起来，经常对丁丁做出轻浮的举动，想要诱惑丁丁。丁丁虽然不讨厌丹阳，但也很清楚丹阳并不是自己喜欢的女孩，为此他明确向丹阳表态。但是丹阳对此不以为然，依然想要诱惑丁丁对她做出出格的举动。无奈之下，丁丁只好处处躲避丹阳，避免和丹阳私下相处。就算在公开场合，丁丁也会刻意与丹阳保持距离，把丹阳当成真正的女孩子看待，而不给丹阳以铁哥们作为理由吃他"豆腐"的机会。

大多数人都以为只有女孩才会遭遇性骚扰，殊不知，在青春期，不但男孩受到荷尔蒙的驱使，女孩也同样因为激素的大量分泌，而不得不面对生理上和心理上双重的躁动不安。因而，不仅青春期男孩会因为内心的悸动，情不自禁想要亲近女孩，青春期女孩同样会因为爱的驱使，对喜欢的男孩做出非分之举。这完全是符合生理发展规律的，男孩和女孩都无须为此感到羞耻，但是为了避免自己做出冲动的行为，还是应该以理智战胜感情，以理智束缚自己的言行举止。

当然，除了来自同龄女孩的性骚扰之外，青春期男孩还会面临很多来自其他人的性骚扰。诸如同性恋的同龄人或者其他年龄阶段的人，或者是心理和感情状态异常的大龄女青年或者是女性长辈。听起来这似乎不可思议，然而很多事情并不因为人们想不到就不会发生。青春期男孩正处于身体快速发育的阶段，他们的身体里蕴含着蓬勃的生机和狂野的力量，这对于很多心理扭曲的人而言，原本就是极大的诱惑。因而不仅青春期女孩要保护好自己，避免受到骚扰，青春期男孩也要保护好自己，对于来自他人的亲密接触一定要心怀警惕，而不要因为无知不知不觉间被他人占了便宜，也导致自己的身体和心理受到伤害。

无论如何，不要离家出走

因为一次考试成绩不够理想，小雨被爸爸狠狠说了一通，又因为犟嘴被爸爸打了一巴掌，因此就负气离家出走了。一开始，小雨只想去附近的网吧里逗留一两天，给爸爸一个教训，让爸爸以后再也不敢训斥他，更不敢和他动手。然而到了夜晚，网吧里充满了各色人等，有个男人看到小雨孤身一人，因而问小雨："小弟弟，你怎么这么晚了还不回家？"小雨正在气鼓鼓的，嫌弃爸爸没有来找他呢，因而对着这个男人大诉苦水："我不想回家，我以后都没有家了。我的爸爸妈妈都只关心我的成绩，根本不关心我的死活，我怀疑我不是他们亲生的，所以他们才会对我这么狠。看看我的脸吧，到现在还红肿着呢，都是爸爸打的。"

听到小雨的话，男人露出不易觉察的笑容说："小弟弟，你爸爸真是不应该，有你这么好的儿子，怎么还能动手呢！你一定还没吃饭吧，我带你去吃饭吧，我知道这附近有一家寿司店非常正宗。"小雨最爱吃寿司了，但是他生气离开家的时候身上只有几十元钱，只够他吃方便面和在网吧里度过两个晚上的。为此，听到男人说起正宗的寿司，小雨不由得直咽口水。最终，他没有扛住美食的诱惑，居然跟着男人离开网吧，朝着寿司店走去。男人掏出二百元钱让小雨一次吃个痛快，小雨吃得酣畅淋漓，此前每次吃寿司，爸爸妈妈都限定他只能吃五十元钱的，根本不让他多吃。小雨对男人感激涕零，因此当吃完寿司男人提出让小雨跟着他去睡觉的时候，小雨丝毫没有多想，很顺从地就跟着男人回到凌乱的出租屋里。

到了出租屋没多久，小雨就昏昏沉沉地睡去了。等到小雨醒来的时候，发现自己正躺在派出所里，不由得大惊失色，而妈妈正守在小雨身边哭泣呢。小雨不知道是怎么回事，赶紧询问妈妈情况。原来，小雨前一天遇到的人是人贩子，专门贩卖小孩的。对于大一些的孩子，就会贩卖器官。人贩子看到小雨独自一人在网吧，夜深了也不回家，猜到小雨有可能是离家出走的，因而就对小雨下手了。警察看到小雨醒来，赶紧教育小雨："小朋友，你可是福大命大，幸亏你爸妈报警及时，央求我们用摄像头找你，你才幸免于难。否则，如果按照规定失踪二十四个小时才能立案，你现在早就被人贩子带离本地了。"听到警察叔叔的话，小雨大哭起来，当即向妈妈保证："妈妈，我以后再也不离家出走了。"

很多男孩都非常冲动，尤其是在青春期，哪怕受到小小的委屈，他们也会当即以极端的手段表示反抗。殊不知，离家出走尽管容易，一旦离开家门，不遇到坏人还有可能被父母找到，而如果被坏人盯上，再想回到家里可就千难万难了。很多孩子离开家之后，再也没有回到家，永远下落不明，不知道命运如何。幸运的孩子离开家被找到，才能继续回到生活的正轨。人生之中很多重大的转折并非出现在关键的时刻，而往往是那些看似不经意的决定，彻底改变了人生的轨迹，也让人生变得面目全非。很多男孩不知道这其中的厉害关系，仗着自己稍微长大一些了，动辄就要离家出走，不得不说，这是非常愚蠢的行为。

在这个世界上，无条件爱孩子，为孩子付出，对孩子好的人，只有父母。认清楚这一点，男孩才不会因为父母的误解或者是不正确的对待，就要离家出走。要知道，家是安全的避风港，也是唯一能保护孩子们健康成长的地方。唯有在父母支撑起的家中，男孩才能健康茁壮地成长。因而当与父母有了误会或者感到委屈的时候，男孩一定要积极主动地与父母沟通，而不要以离家出走逃避问题，更不要试图以离家出走的方式想要逼迫父母就范。归根结底，离家出走事件中受到伤害最大的就是孩子，等到追悔莫及想要回家的时候，男孩才会发现自己已经没有回头路可走。从这个意义上而言，大多数男孩的离家出走行为，选择的都是不归路。因而男孩一定要坚决打消离家出走的念头，要想离开父母的身边独自去生活，也要等到有自食其力的能力时再独自闯世界。当然，离开父母不是抛弃父母，当男孩成长到足以为自己的人生负责时，就要开拓属于自己的人生，与此同时也要照顾日渐年老的父母。这才是真正的男子汉应该做的事情。

人生是一场艰难的旅程，小心翼翼也未必能把人生的每一步走好，更何况是负气前行，故意把自己置身于危险的境地呢？不管多么冲动，无论多么愤怒，男孩都要始终牢记一点——父母是真正爱自己，且为自己好的。这样想来，男孩就能消除怒气，并发自内心地感恩父母，更不会冒着以付出生命为代价的危险离开父母的身边，给自己的人生造成无法挽回的伤痛。很多事情如同离弦的箭，是根本没有回头路可走的，很多人生的遗憾一旦造成，再也无法弥补。

艾滋病知识，你了解多少

一个周末，小雨和爸爸一起坐在电视机前看电视节目。当天正逢艾滋病日，电视节目中正在宣传关于艾滋病的知识，提醒人们一定不要通过非法途径献血，而且也不要进行混乱的性行为等。看到这里，小雨很纳闷，问爸爸："爸爸，什么是艾滋病？"

爸爸看着小雨欲言又止，又想到小雨已经长大了，理应掌握更多的知识，才能有效保护自己，避免危险，因而对小雨进行了艾滋病知识的普及。爸爸对小雨说："艾滋病又叫获得性免疫缺陷综合征，很多人误以为艾滋病只是一种性病，就是性生活不洁引起的。殊不知，艾滋病的传播途径很多，尤其是黑市上的买卖血液的交易，因为消毒不够严格，所以更容易导致患上艾滋病。艾滋病病毒会攻击人体免疫系统，尤其是攻击人体中免疫功能最强的CD4T淋巴细胞，因而人一旦感染艾滋病毒，身体的抵抗力就会渐渐消失，导致患上各种疾病，还有极高的可能患上恶性肿瘤。所以，艾滋病毒对人体健康的危害是特别大的，必须引起足够重视。"小雨瞪大眼睛听得很认真，爸爸继续告诉小雨："在成人之中，性生活混乱也是导致艾滋病高发的主要原因。"说完，爸爸还对小雨简单普及了性知识，并且告诉小雨使用干净卫生的避孕套，是避免传染艾滋病的重要手段。小雨有些害羞，说："我还小呢！"爸爸正色说道："小雨，每个人都会长大，也要懂得各种保护自己的方法和途径。很多问题，并非是我们故意逃避就可以避免发生的，任何时候，知道得多总比知道得少更好。唯有掌握更多知识，我们才能占据主动，也才能有效保护自己。"小雨点点头，说："谢谢爸爸告诉我这么多，我会认真努力学习，也会多多学习自我保护知识的。"爸爸欣慰地抚摸着小雨的脑袋说："孩子要想健康长大，真的太不容易了。长大之后，要想尽量避免伤害，也同样要非常努力，毕竟伤害是无处不在的，一个人唯有自律自爱，拥有自我保护意识，掌握自我保护的技巧和方法，才能有效避免伤害。"小雨补充道："长大之后，还得保护孩子呢！"爸爸笑着点点头说："你这个小鬼头！"

正如事例中爸爸所说的，很多事情并非故意逃避就能避免发生的，这也告诉每一位父母，不要逃避对于孩子的性教育，因为一味地拖延只会导致孩子在无知中犯下更严重的错误，而唯有尽早对孩子进行性教育，才能让孩子对性更了解，也才能让孩子更有效地保护自己。

如今正处于信息大爆炸的时代，很多时候无法从父母那里得到的性知识，孩子也会通过网络、书籍等途径获取。然而，很多网络上的知识都是没有经过筛选的，未免会导致孩子接受错误的教育和引导。与其让孩子自己误打误撞，父母不如给孩子正确的引导，这样才能及时教会孩子正确的自我保护技能和技巧，也让孩子更加有效地解决成长过程中的困惑。尤其是关于艾滋病的知识，父母更不能逃避，而是要找到恰当的机会告诉孩子，这样才能避免孩子无意中对自己造成不可挽回的伤害。

当然，谈到艾滋病，就不得不说起艾滋病的传播和感染途径，要对孩子普及性知识，进行初步性教育，才能更有效地提升孩子的自我保护能力。很久以前，人们讳疾忌医，不愿意去见医生，更不愿意说起自己的身体有哪些不舒服的地方。如今，已经进入科学时代，每个人都要对科学怀着理智谨慎的态度，而不要盲目地逃避很多恶疾。除了从父母那里获得知识之外，随着不断成长，男孩已经可以完全独立地阅读，在这种情况下可以购买相关的书籍学习自我保护的知识，也深入了解自己感兴趣的问题。等到有不懂的地方再询问父母，就能更加有的放矢，得到满意的解答。总而言之，男孩的自我保护能力并非是与生俱来的，而一旦进入社会之后面临的危险也是方方面面的。不管是家庭和父母，还是男孩自身，都要尽量全方位掌握自我保护的方法和技能，才能避开危险，保证健康成长。所谓安全无小事，其实不管是男孩还是成熟的男人，都面临自我保护问题，因而及早培养男孩的自我保护意识，帮助男孩掌握自我保护能力，是至关重要的。

克制冲动，勇敢男孩要懂得保护自己

　　作为男孩，他们往往会心中生出英雄的豪情，觉得要肩负起保护他人的责任。实际上，男孩如果不能先保护好自己，就无法谈及保护他人，因为一个自身不保的人是不可能还有余力做到保护他人的。从这个角度而言，男孩对于自己的角色应该有理智清醒的认识，要意识到唯有保护好自己，才能真正保卫和守护他人。

放学路上……

交保护费！

是小明！

遇到同学小明被欺负，
我该怎么办？

上去帮忙   报警

可能受伤   可能来不及

你会怎么做呢？

每个成长中的男孩都需要几个兄弟

凯威很喜欢交朋友，在小学阶段，凯威有很多朋友，他在班级里人缘很好，不管走到哪里都受欢迎。然而自从进入初中之后，凯威发现交朋友越来越难了，有一段时间，凯威就像一个独行侠，不管走到哪里都是独自一个人。他甚至觉得世界上只剩下自己，唱着孤独的独角戏，为此凯威郁郁寡欢，不知道如何排遣心中的孤独寂寞。

在学校里举办运动会期间，凯威报名参加了八百米中长跑。这时候，默默无闻的凯威才吸引了其他同学的注意，尤其是同班同学丽丽，更是对以第一名的好成绩冲过终点线的凯威表现出强烈的好感，这非但没有让凯威觉得庆幸，反而让凯威陷入更深的寂寞中。因为班级里有很多男生都喜欢丽丽，因而当发现丽丽唯独青睐凯威时，几乎所有男生都不约而同选择了更加疏远凯威。凯威觉得郁闷极了。然而，凯威也喜欢丽丽，他无法拒绝丽丽。有段时间，男生们合起伙来欺负丽丽，嘲笑丽丽是倒追男孩，凯威奋起保护丽丽，却因为势单力薄，遭到男生们的一致抗拒。面对委屈的丽丽，凯威觉得自己很无能，甚至忍不住和其他男生打了一架。如此一来，非但没有解决问题，反而导致情况更加糟糕，就连爸爸妈妈也被惊动了，不得不去学校找老师解决问题。

　　得知凯威在学校的情况，爸爸妈妈没有批评凯威，因为他们意识到凯威长大了，不能再一味呵斥了，而是要给凯威讲道理，疏通他的内心。回到家里，爸爸向凯威竖起大拇指，凯威不知所以，还以为爸爸是在故意挖苦讽刺自己呢，不想爸爸却真诚地说："凯威，你能挺身而出保护女同学，我觉得你已经是男子汉了。"看着爸爸的模样，凯威不知道自己是该接受还是该拒绝。正当凯威犹豫不决时，爸爸话锋一转，接着说："不过我觉得你并没有真正解决问题。"凯威很困惑："怎样才能真正解决问题呢？"爸爸笑了，说："其实，那些男生都在嫉妒你。我觉得，对于你而言，与男生的友谊比与女生的友谊更重要，当然，不是让你'重友轻色'，而是告诉你一定要学会抓住主要矛盾。你想，如果你与男生搞好关系，他们还会因为嫉妒你而攻击丽丽吗？他们甚至会羡慕你有一个异性的好朋友。"爸爸的话让凯威茅塞顿开，但是他不知道要怎么做，才能实现圆满的结果。爸爸建议凯威："如果你能先收敛与丽丽的友谊，而与男生走得更近，我想他们会欢迎你的。"凯威也没有更好的办法，因而就采纳了爸爸的建议。果不其然，在一段时间之后，凯威得到了男生的欢迎，他与丽丽的友谊再也没有遭到非议。

正如周华健在《朋友》这首经典老歌里所唱的，"朋友一生一起走"。对于每个男孩而言，朋友都是他们一生的陪伴，是命运赐予他们的最好礼物，也是他们在成长过程中不可或缺的陪伴。如果没有朋友，男孩的成长一定是寂寞的，如果没有友谊的滋养，男孩的成长也将会是干涸的。从本质上而言，青春应该是绚烂多姿的，然而，偏偏因为青春期的特殊阶段，很多男孩都会陷入孤独寂寞之中。也因为青春期的冲动和莽撞，男孩往往非常讲究义气，会想要给予朋友更多的照顾和支撑。然而，照顾朋友一定要讲究方式方法，如果把自己都搭进去了，还如何照顾和支持朋友呢。每个男孩都要更加理性，才能拥有健康和理想的友谊。

要想青春期不烦恼，男孩就要更加理性，处理好同性与异性之间的友谊，才能建立良好的人际关系。当然，青春期男孩一定要有自信，这样才能在人际交往过程中更从容。此外，还要变得勇敢，内心充满勇气。这样一来，男孩在觉得孤独寂寞的时候，才能主动结识他人，发展人际关系，也才能战胜内心的自卑，自信地展示自己的风采。不可否认的是，青春期总是要承受孤独与寂寞的。因而男孩还要学会独处，不要因为一时的寂寞就觉得无法忍受。从本质上而言，一个人唯有处理好与自己的关系，才能学会与这个世界相处。当然，面对青春期的孤独苦闷，男孩如果在短时间内不能拥有朋友，那么还要学会以合理的方式发泄自身的不良情绪，这样才能避免情绪郁积于心给自己带来的伤害，从而保持内心的平和宁静，也让自己摆脱压力和糟糕的状态。

大气男孩绝不笑人贫穷，更不妒忌财富

在小学阶段，凯威一直过得很快乐，尽管他的家属于普通的中产阶级，但是他从未意识到自己过得比某些同学好，也没觉得自己过得不如某些富裕的同学。然而到了初中，一切都改变了。同学们之间越来越攀比，很多家庭富裕的同学在一起交流时，总是比自己的衣服鞋子是不是名牌，学习用具是从美国带来的还是从加拿大带来的，渐渐地，凯威觉得越来越自卑，内心也失去了自信。

一天中午吃完午饭，同学们又聚集在一起聊天。在听完富裕的同学炫耀家境的富有之后，凯威觉得很无聊，内心也很空虚，因而就走到另一堆同学那里。凯威其实很尴尬，因为他家既不算富裕，也不算贫穷，所以在班级里贫富两极分化的群体中，他不上不下，常常被孤立。也许是因为刚刚被有钱的同学刺激吧，凯威急需寻找一点儿优越感让内心恢复平衡，因而他就来到家境贫穷的同学之间。在与同学聊天的过程中，他有意或者无意地炫耀自己的家境，果不其然，很快那些同学就散去了，和凯威一样，他们也不愿意被有钱的同学刺激。凯威却在这短暂的交谈中获得心理平衡，忍不住沾沾自喜起来。

一个周末，凯威在妈妈的陪伴下去购买鞋子。妈妈惊讶地

发现此前从来不讲究牌子的凯威变了。面对妈妈为他选择的普通鞋子，凯威说："这些鞋子连个牌子都没有，我想穿阿迪达斯的，我可不想和土老帽一样与那些穷同学一个档次。"听到凯威不屑一顾地说起穷同学，妈妈马上正色说道："你们同学也分穷富吗？"凯威回答："当然，富有的同学是一派，贫穷的同学只能边上看，多可怜！"妈妈撇撇嘴说："如今的孩子真是要逆天了，花着父母的钱，还要攀比。我能说不管穷富，你们不都是父母养着吗？有什么必要攀比呢？"凯威听出妈妈有些生气，说："我不是攀比，我只是不想被孤立。其实那些有钱的同学也很讨厌，他们动辄就比名牌，我也是被逼无奈才要名牌的。"妈妈当即正色说道："我不管其他孩子如何，我决不允许你攀比。你记住，爸爸妈妈都是农民的孩子，我们的家比你们班级里任何一个孩子的家都更贫穷，但是这并不影响我和爸爸努力。我们考上大学，凭着拼搏改变命运，留在城市里。所以，你不要笑话任何一个同学贫穷，因为你的根在更贫穷的农村。贫穷不能决定命运，只有不上进才会让人沉沦。"凯威显然没有想到妈妈会有这么大的反应，因而怔怔地看着妈妈。妈妈继续说："你也不要和富人家的孩子比，很多富二代不思进取，活得还不如穷人家的孩子呢，但是你也不要嫉妒人家，因为人家拥有的一切都是父母甚至祖辈努力辛苦才得来的。对于每个同学，都要保持一颗平常心，你才能像以前一样专心学习，而不要把时间和精力浪费在毫无意义的攀比上。"

妈妈的话让凯威陷入沉思，最终凯威选择了一双没有任何牌子但是穿着舒适的鞋子，因为他觉得妈妈说的话很有道理。倒也奇怪，在不攀比之后，凯威就很少意识到同学们之间的贫富差距了，而是内心坦然，与每一个同学都相处得很好，朋友也渐渐多了起来。

妈妈说的话很有道理，其实不仅作为孩子不应该以贫富去判断他人，即使作为成人，也不要戴着有色眼镜看人。从人格的角度而言，人人平等，如果一味地攀比，就会在不知不觉中有所亲近和疏远，对于改善人际关系当然是没有任何好处的。在家庭生活中，父母也应该给孩子做出好榜样，不要在孩子面前与他人攀比，更不要一味地讲究物质生活上的享受。引导孩子更多地关注精神生活，在学习上与同学你追我赶，比让孩子贪图享受、爱慕虚荣更好。

作为男孩，更要让自己的心胸变得开阔，同学家中不管是贫穷还是富有，都不应该被作为交往的条件之一进行参考。真正的男子汉，不会因为同学家中贫穷，就笑话或者疏远同学，也不会因为同学家中富裕，就嫉妒同学。家庭环境是孩子们无法改变的，也是很多因素综合作用导致的。作为同学和朋友，男孩应该更关注交往对象的品质和性格，从而找到志同道合的好朋友，与朋友之间相互激励，成为彼此最好的陪伴。

遭遇出卖，青春期男孩该怎么应对

这天放学，凯威怒气冲冲地回到家里，一边往卧室冲去，一边喊道："气死我了，气死我了。这个可恶的马波居然出卖我，我一定要整死他，让他尝到我的厉害。"对于凯威的极端愤怒，正在厨房做饭的爸爸还没有反应过来呢，凯威就一溜烟冲到卧室重重地关上了门，爸爸并没有跟过去查看情况，而是决定继续做饭，也给凯威一定的时间消化冲动的情绪。

大概过了半个小时，爸爸做好饭，妈妈也回家了，因而爸爸假装若无其事地喊凯威吃饭。凯威黑着脸从卧室里走出来，吃饭全程都闷闷不乐。妈妈不明就里，爸爸暗示妈妈不要询问，全家人就这样默默地吃晚饭。晚饭之后，凯威洗了个热水澡，看起来心情变得好些了，爸爸装作漫不经心地走入凯威卧室，轻描淡写地问："你回家的时候口中念念有词什么呢？"凯威郁闷地回答："我被马波出卖了，我一直都把他当成是最好的朋友，他却这样对我……"在凯威的沉默中，爸爸没有教育凯威，而是理解地说："我知道你的感受，因为我在像你这么大的时候，也曾经被朋友出卖过。我知道，越是亲密的朋友，对你的伤害就越大。"突然得到爸爸的理解，凯威有些惊讶，问道："你也被朋友出卖过？你是什么事情被出卖？"爸爸笑着说："其实这么多年我已经忘记是什么事情了，但是有一点可以确定，就是现在想来那件事情肯定是无关紧要的，但是在当时我却觉得特别重要，因而也发誓与朋友断绝关系。"听到爸爸这么说，凯威情不自禁地笑起来，不禁因为自己放学时的冲动而难为情。

　　凯威问爸爸："当时，你那么生气，是怎么做的呢？"爸爸认真想了想，回答："我当时整整三天都没有理睬那个朋友，不过我也没有做出过激的举动。三天之后，我突然觉得事情没那么重要了，因为我也没有不可告人的秘密。不过在朋友向我道歉时，我还是郑重其事地告诉他以后对于我不想被别人知道的事情，他一定不能说出去。朋友答应了，我们就又成为好朋友，他的确没有再犯过类似的错误。"听到这样的结果，凯威陷入沉思，良久才说："的确，真的没什么不可告人的。不过，我不想这么快原谅马波。"爸爸尊重地说："当然，你可以自己选择何时原谅马波，或者永远也不原谅他，这是你的权利。"才过了两天，凯威放学的时候告诉爸爸："爸爸，我和马波和好了，他保证再也不把我的秘密说出去，并且承认我的秘密只能由我自己告诉别人。"爸爸笑起来："这就对了，这是你们俩从这件事情中共同的收获。"

爸爸说得很对，很多男孩都觉得自己的秘密是绝对不能说出去的，也出于莫大的信任，才把秘密告诉了好朋友。在这种情况下，一旦被好朋友出卖，最让男孩受伤的不是秘密被泄露，而是信任被辜负。所以冲动的他们在发现自己的秘密满天飞的时候，一定会感到非常气愤，觉得必须惩罚那个泄露秘密的人。然而等到时过境迁，他们最终会发现所谓的秘密其实也不是什么不可告人的惊天秘密，只是自己的一些小情怀或者是很快就会经历过去的事情而已。正如人们所说的，时间是最好的良药，因而只要男孩不在愤怒的当时做出冲动的举动，这样的伤害迟早会成为过去时，也会成为男孩想起来甚至觉得好笑的经历。

作为男孩，当发现自己的信任被辜负，秘密也被更多人知道时，千万不要冲动，而要理性控制好自己的情绪，从而才能避免在最激动的情况下做出过激的举动。所谓冲动是魔鬼，对于缺乏自制力的男孩而言，一旦因为冲动做出过激的举动，等待着他们的必然是难以挽回的局面和深痛的懊悔。与其让事情恶化，不如采取理智的态度对待。

与此同时，男孩也要区分什么才是被出卖。在年少不更事的年纪，很多男孩都把朋友不能遵守承诺当成是出卖；实际上，出卖是个很严肃的动词，要用在情节恶劣的事情上。通常，男孩与朋友之间相处的小小摩擦，并不能算作是出卖。有的时候，朋友也会因为无意做出伤害男孩的事情，如果没有造成严重的后果，男孩就要学会宽容。人非圣贤，孰能无过呢，如果仅仅因为朋友犯了错误，就对朋友横眉冷对，那么一定会招致朋友的抱怨，也会让自己失去与朋友的友谊。

说出秘密，需要青春期男孩有足够的勇气

就在凯威和马波"恢复邦交"没多久，马波因为考试成绩不好，被爸爸妈妈狠狠地批评，居然一气之下离家出走了。马波的爸爸妈妈都快急疯了，然而派出所对于失踪人口，不到二十四小时是不允许立案的，因此只好发动所有的亲戚朋友寻找，也马上联系了老师。老师立刻联系平日里与马波相处比较好的几个同学，四处打听马波的下落，当然，也问了与马波关系最好的凯威。

得知马波离家出走，凯威的爸爸妈妈也很紧张，因为凯威与马波平日里关系比较好，爸爸妈妈很担心凯威也会受到马波的影响，有朝一日选择离家出走。因而，在确定凯威不知道马波的下落后，爸爸妈妈第一时间对凯威进行教育，想要扼杀凯威有可能受到马波影响也萌生出的离家出走念头。爸爸主要负责对凯威展开教育，并且为凯威列举了很多离家出走之后可能遇到的危险。不曾想，凯威听着听着突然表情凝重起来，担忧地说："马波不会遇到危险，想回家却回不了了吧？"爸爸听出凯威话中的端倪，赶紧追问："你难道知道马波的下落吗？"凯威意识到自己说错了话，马上闭嘴，闷不吭声。爸爸趁热打铁，追问凯威："凯威，你既然作为马波的好朋友，就

不能看着马波身处险境，也不能看着马波做错了事情却没有机会挽回。如果马波再也回不到家里，你却知情不报，想想吧，你会为此后悔一辈子。"凯威担心地说："但是我刚刚因为马波出卖了我而生气，我这也算是出卖马波吧！"爸爸不免觉得又好气又好笑，说："你这个孩子怎么是榆木疙瘩脑袋呢，这件事情和马波之前出卖你可不能相提并论。马波顶多说出了你的秘密，但是如果你执迷不悟，马波很可能遭遇危险，再也回不到爸爸妈妈身边，甚至有可能有性命之忧。"看到爸爸把事情说得这么严重，凯威更担心了，如同热锅上的蚂蚁一样坐立不安，却一时之间无法下定决心说出真相。爸爸催促凯威："你晚说一分钟，凯威就距离危险更近一分，当你拯救了马波，马波还会抱怨你吗？况且，马波为何把自己藏身在哪里告诉你呢？就是想在自己无法求救的时候，至少有一个人掌握了他的线索。"凯威觉得爸爸说的话很有道理，当机立断说出了凯威藏身的网吧。爸爸当即把消息告诉老师和马波的父母，果不其然，他们顺利找到了马波，而此时的马波已是饥肠辘辘，正想家呢！

　　凯威前几天刚刚因为马波泄露了他的秘密而与马波闹别扭，所以他在得知马波的藏身之所并且被马波叮嘱不能告诉任何人之后，是想要严守秘密不出卖马波的。因而面临父母和老师的第一轮询问，凯威丝毫没有动摇。幸好爸爸妈妈及时针对马波的离家出走事件对凯威展开危机干预，使得凯威意识到马波很有可能在离家出走的时候遭遇危险，导致再也无法回到家里，因而产生动摇。最终，在爸爸的晓之以理和危机意识的灌输下，凯威变得勇敢起来，冒着被马波责怪的风险，说出了马波的秘密。不得不说，凯威是个勇敢的孩子，他宁愿被马波抱怨，也不愿意马波遭遇危险，因而才会勇敢地承担起责任，争分夺秒说出马波的秘密。

　　对于好朋友的秘密，很多男孩出于朋友义气，总是不愿意承担起责任，更不想说出朋友的秘密。殊不知，保守朋友的秘密是需要区分情况的。对于普通的秘密，男孩一定不能辜负朋友的信任，为朋友保守秘密，守口如瓶；但是当这个秘密关系到朋友的人身安全时，男孩一定要理性思考，做出正确的选择，而不要耽误帮助朋友的最佳时机。为了帮助而泄露朋友的秘密，这并不是出卖朋友的行为，而是勇敢的男孩在以自己的方式帮助朋友。很多青春期男孩因为冲动与父母发生冲突，导致做出离家出走的荒唐举动，作为知道朋友动向的男孩，一定要在第一时间劝说好朋友打消危险的想法，当实在无力阻止朋友的时候，也要及时把真实情况告诉老师和父母，从而有效帮助朋友，保证朋友的人身安全。这才是对朋友负责任的态度，也才是真正的友谊。

面对嘲笑，男孩要有一颗坚强的心

去年，凯威的腿部在运动过程中受伤，导致严重骨折，因而凯威不得不休学一年静心休养，在腿部骨折的初期卧床半年都不能下床。因为缺乏运动量，导致凯威在短短一年的时间里胖了二十多斤，原本强壮匀称的他成为了不折不扣的小胖子，这让凯威非常苦恼。

刚刚来学校恢复上课的时候，同学们对凯威都非常友好，也没有人嘲笑凯威，因为同学们都知道凯威受伤了。然而，自从在体育课上凯威跑了倒数第一，有些同学就开始嘲笑凯威，这让凯威难以接受，甚至开始排斥上体育课。一天，体育课结束后，有同学跟在凯威身后喊道："小胖子，要加油了哦！"凯威感到很郁闷，回到家里对爸爸说："爸爸，我的腿还没有完全恢复，能不能和老师申请，让我不要上体育课了呢！"爸爸很纳闷："上次做检查的时候，医生看了骨折的片子，说你已经完全愈合了呀。而且医生还说因为废用，你受伤的腿有些骨质疏松。所以我觉得你还是要上体育课，加强锻炼呢！"凯威的眼泪流下来，爸爸看出凯威另有隐情，赶紧追问。凯威委屈地说："同学们都嘲笑我是小胖子，我不想再上体育课了。"爸爸恍然大悟，问："你是不是跑步很慢？"凯威点点头，爸爸继续说："那没有关系啊。你只要多多锻炼就好，现在跑步慢是因为缺乏锻炼，我记得你在骨折之前跑步在班级里算快的呢！"凯威很郁闷："是的，但是现在倒数第一。我不想被同学嘲笑。"爸爸抚摸着凯威的头，轻声说："是爸爸忽略了，只关注给你补文化课，忘记体育课会下滑得更严重。这样吧，以后每天下班之后，爸爸都陪着你去锻炼，运动减肥，也增强体能。你不但很快会恢复匀称的身材，也会在体育课上进步迅速，得到大家的刮目相看，好不好？"看着凯威犹豫的样子，爸爸继续说："同学们愿意嘲笑就嘲笑吧，只要你放在心上，坚持锻炼，事实会让他们闭上嘴巴的。"凯威这才如释重负地笑起来。

在成长的过程中，男孩不可能始终一帆风顺，很有可能遭遇各种挫折。尤其是男孩往往比较喜欢运动，也生性活泼好动，所以更有可能遭遇意外的伤害。曾经有男孩说，如果一个男人在成长的过程中没有骨折过，就是人生的遗憾。尽管这样的说法有失偏颇，但是的确从某种意义上说明了很多男孩都会在成长中遭受意外伤害。伴随着意外伤害，男孩因为受到嘲笑，会导致内心产生波动。实际上，真正勇敢的男孩不仅能够承受身体上的病痛，也能够承受心灵上的打击，并且傲然屹立，绝不因此而动摇。

事例中的凯威在爸爸的鼓励下，意识到嘲笑自己是其他同学的权利，而勇敢面对嘲笑、保持内心的平静和积极向上，则是自己的选择。为此，他决定在爸爸的陪伴下积极地锻炼身体，让自己恢复身体的健康，也变得更加强壮，再次成为体育课上的黑马，得到同学的认可与肯定。当然，得到同学的正面评价只是作为次要的目的，凯威真正的目的是让自己尽快恢复身体健康，也在体育课上取得好成绩。每个人都应该更在乎和重视自己的感受，而不要因为他人的随意评价就改变自己的心境，迷失自己的本心。男孩面对同样不成

熟的同学和冲动的自己时更要控制好心情，努力坚定做好
自己该做的事情，实现自己的心愿，让自己变得更健康和
强壮。

男孩要成为英雄，先要保护好自己

随着年纪的不断增长，凯威越来越觉得自己像一个真正的男子汉了。他不但觉得自己像男子汉，而且认为自己就是男子汉，所以不管是在家里和小妹妹相处，还是在学校里和同学相处，身强马大的凯威都把自己视为除了老师和父母之外的第二家长，处处摆出一副大哥大的样子。

有一次，学校里组织春游，凯威和几个同学一起结伴而行，来到了小河边。他们发现河里有鱼，情不自禁靠近河边，想要一探究竟。还有个同学不自量力地想抓鱼，结果脚下一滑，掉到了河里。距离那个同学最近的凯威马上冲上去，想要抓住同学的手，没想到自己的力量根本不够，虽然抓住了同学的手，却也因为脚下打滑，而掉入河中。其他同学还算理智，赶紧大声呼救，很快，闻讯赶来的老师和其他游客一起合力，把凯威和那位同学救了上来。惊魂未定的凯威对老师说："我原本以为自己能把同学拉上来，没想到自己反而被拉下去了。"老师也很后怕，一本正经地告诉凯威："下次再遇到这样的情况，一定要第一时间呼救，而不要不自量力施救。幸好你们身边还有其他同学，否则你们俩都掉入河里，根本没有时间呼救，谁还能及时赶来救你们呢？而且，在水中救人是很危险的，别说不会游泳的人，就算会游泳的人，也有可能失败，所以落水救援，都需要专业人员进行。这是因为落水的人求生意志很强，一旦抓住任何东西都会死死抓住，所以不会救援的人反而会被落水的人限制住，被拉入水中，反而导致危险发生。"听了老师的一通教育，凯威意识到危险，感到非常后悔，他懊丧地说："我不但没有救了同学，反而差点害了同学啊！"老师继续叮嘱："是啊，以后一定要注意了。要想当英雄，先要自保自救，才有机会救得了他人，知道吗？"凯威连忙点着头。

真正的英雄，是能够保证自身安全的人，因为唯有在保证自身安全的情况下，他们才能理性地救助他人。否则如果把自己都赔进去了，还有什么能力救助他人呢？青春期男孩正处于英雄主义情结很浓重的时候，又因为身体的飞速发展，所以他们发现自己在短时间之内就变得高大强壮起来，因而未免自我膨胀，遇到危机的情况时也就会显得自不量力。人，最重要的是有自知之明，尤其是对于男孩而言，更要客观认识自己，不要盲目高估自己。唯有如此，才能时刻保持清醒和理智，既能够保全自己，也能以恰到好处、卓有成效的方式救助他人。

近些年来，经常发生青春期男孩为了救人而失去性命的事情，男孩乐于帮助他人、勇敢无畏的精神固然是值得提倡和赞许的，但是在对男孩进行教育的时候，一定要尤其重视生命安全教育，告诉男孩任何情况下都要把生命安全放在第一位，把自身的安全保障放在第一位，才能教会男孩正确的救助方式，也让男孩遇到危急情况时保持冷静和理性，绝不因为冲动而把自己和他人同时置于极其危险的环境之中。

记住，拥有安全意识，时刻牢记保护自己为第一，在自保的情况下拼尽全力、机智救助他人，才是真正的英雄。

快乐每一天，青春期男孩要懂得驾驭自己的情绪

　　男孩的成长不但需要充足的营养，还需要快乐的心情，这样才能始终保持积极乐观向上，也避免因为郁郁寡欢的坏心情而导致成长中烦恼重重。所以男孩要做快乐的自己，更要学会调整心情，驱散坏情绪，让自己快乐健康地成长。

好男儿就要心胸宽广

瑞瑞很喜欢看书，也喜欢以书会友，所以他把自己喜欢看的图书背到学校里，和同学们分享。然而，瑞瑞也特别爱惜书，尤其讨厌别人把他的书弄坏。这不，自从小伟不小心把瑞瑞最喜欢的一本漫画书撕坏了，瑞瑞就再也不愿意借书给小伟看，并且还整日盯着小伟要赔偿。尽管小伟已经向瑞瑞道歉了，并且解释自己不是故意把书弄坏的，但是瑞瑞依旧不依不饶。一天午休时，瑞瑞和往常一样把书借给很多同学看，唯独不愿意给小伟看，因此小伟不由得着急起来，居然上去抢瑞瑞的书，非要看一本，瑞瑞和小伟厮打起来，就这样，一件好事情变成坏事情，最终惊动了老师。老师先批评了小伟，让小伟不要抢同学的书。小伟很委屈："为什么瑞瑞把书借给每一个同学看，就是不给我看呢！我上次不小心把瑞瑞的书弄坏，已经道歉了，而且我还把自己的一支钢笔赔给了瑞瑞。"老师听到居然有这事，因而又安抚了一下小伟："不管怎么说，书都是瑞瑞的，他有权利决定借给谁或者不借给谁，你不能硬抢，知道吗？"小伟委屈地点点头，回教室了。

小伟走后，老师又和瑞瑞核实情况。得知瑞瑞因为小伟不小心弄坏了书，就再也不愿意借书给小伟了，老师忍不住批评瑞瑞："瑞瑞，对待同学要宽容啊，毕竟小伟不是故意弄坏你的书。按照老师的想法，对于同学无意间犯下的错误，你也不应该要求赔偿。不过，这是你的权利，而且小伟已经赔偿给你一支钢笔，我觉得这件事情就可以过去了。小伟都已经按照你的要求道歉和赔偿了，你为何还不愿意原谅小伟呢？"瑞瑞郁闷地说："那本书是我最喜欢的，即使小伟道歉和赔偿，书也不能复原了。"老师笑了："如果小伟也这么想，那么他就不会道歉和赔偿了，小伟至少用道歉和赔偿表明了自己的态度，也说明他是很珍惜你这个朋友的。你就宽容大度一些，原谅他，好不好？没有人能保证自己不犯错，犯错之后勇于改正，就是好孩子啊！你宽容对待小伟，未来如果你不小心犯错，小伟也会宽容对待你，好吗？"在老师的耐心劝说下，瑞瑞终于想明白了这个道理。不过，再次借书给小伟时，他千叮咛万嘱咐，小伟也保证一定会非常爱惜书的。

瑞瑞爱惜书这是有目共睹的，不过哪怕是心爱的书遭到损坏，而小伟不但已经道歉，而且赔偿了一支钢笔给瑞瑞，瑞瑞也应该原谅小伟，并且继续借书给小伟看。但是，在小伟按照瑞瑞的要求做完这一切之后，瑞瑞却依然无法打开心结，更不能像以前一样借书给小伟看，这让小伟很郁闷，心中也愤愤不平，所以才会发生后来小伟抢书的事件。朋友之间，哪怕是最心爱的东西，面对朋友的无心伤害，男孩也应该放宽心胸，主动原谅朋友，而不是对朋友表现出小肚鸡肠。

在成长的过程中，男孩受到的委屈和伤害是很小的，因为他们生存的环境主要是家庭和学校。男孩一旦真正长大，还要走上社会，面临更多复杂的情况，也有可能遭受误解，在这种情况下，如果男孩不能有博大的胸怀，必然经常感到郁郁寡欢。所以在成长过程中，男孩就要更加有意识地培养自己的气度，让自己养成心胸开阔、绝不斤斤计较的好习惯，这不但有利于男孩的成长，也能让男孩始终保持好心情，让男孩一生都受益匪浅。

男孩绝不嫉妒他人，快乐常伴左右

在以往的每次考试中，瑞瑞与小伟的成绩都不相上下，他们俩不是你第一就是我第一，几乎包揽了班级的第一第二。也因为瑞瑞和小伟都是品学兼优的好学生，所以就连老师都把他们当成手心里的宝，对他们爱都爱不过来。

然而，升入五年级之后，瑞瑞的成绩明显有所提升，而小伟却在原地踏步，为此瑞瑞接连几次都名列第一，而小伟只能屈居第二。有一次公布考试成绩时，老师开玩笑地对小伟说："小伟啊，你可是和瑞瑞有些势不均力不敌，甚至有降低为不是瑞瑞对手的趋势啊，必须加油了！"原本，小伟对于瑞瑞总是考第一并没有异样的感觉，而老师之所以这么说，是为了让小伟在学习上与瑞瑞你追我赶。然而，出人意料的是，小伟完全把老师的话理解偏颇了，甚至因此而开始嫉妒瑞瑞。在瑞瑞又一次考了全班第一之后，小伟更加对瑞瑞怒目以视，原本和瑞瑞是好朋友的他，渐渐地疏远了瑞瑞。

一天体育课，小伟因为肚子疼留在教室里，没有去上课。看着自己数学试卷上鲜红的99分，再想想瑞瑞的试卷上却写着大大的100分，小伟鬼使神差地把瑞瑞的试卷揉得皱皱巴巴的，扔进了垃圾桶里。瑞瑞回来之后，怎么也找不到试卷，不由得着急地哭起来。因为老师要求每位同学把试卷带回家签字呢，而且瑞瑞也想把100分展示给爸爸妈妈看。小伟忘记了教室里是有监控器的，在确定瑞瑞的确把试卷收好之后，老师调看了监控录像，发现原来是小伟的妒忌心作祟，导致他把瑞瑞的试卷扔掉了。老师对此没有声张，而是找到小伟询问情况。小伟发现老师知道真相，感到非常紧张，再三请求老师不要把事情告诉爸爸妈妈。老师语重心长地对小伟说："小伟，老师理解你是因为嫉妒做出冲动之举。你要记住，你应该把嫉妒转化为动力，才能真正赶上瑞瑞，甚至超过瑞瑞。否则以后你还会遇到很多比你更优秀的人，难道就以不断地犯错作为解决的办法吗？真正的强者是让别人嫉妒自己，而不是做出糊涂事。"小伟懊悔地说："其实，我也很害怕，很后悔。"老师笑了："小伟，你听说过一句话吗？嫉妒是人心中的毒瘤，不但让人失去内心平衡，也让人因为嫉妒而做出错事，追悔莫及。所以你一定要控制好自己的情绪啊，要采取正面的方法积极地参与竞争。"小伟点点头，担忧地问："老师，你真的不会把这件事情告诉爸爸妈妈吗？"老师点点头，说："只要你保证以后不再犯同样的错误，老师不会告诉任何人的。"

　　嫉妒心强的人面对比自己强的人，不会从正面积极应战，想方设法赶超他人，反而在嫉妒的作用下做出冲动的举动，甚至采取违反法律和规定的方式，做出伤害他人的事情。如果说嫉妒已经扰乱了人的心绪，那么冲动的举动则更使人陷入懊丧和恐惧之中。就像事例中的小伟，在做坏事之前已经思来想去、犹豫不定了，在做坏事被发现之后，又始终担心老师把他做的事情告诉爸爸妈妈，可谓吃足了苦头。

明智的男孩不会用恶意的行为消除心中的嫉妒，相反，他们知道金无足赤、人无完人的道理，也很清楚自己必须非常努力，才能赶上和超过那些比自己强的人。所以他们没有时间嫉妒，而是把所有的时间和精力都用于提升自己。即使对于那些自己不管怎么努力都无法赶超的人，他们也会真心地认可和钦佩。尤其是当在竞争中遭遇挫折和失败时，他们不会因此而彻底否定自己，更不会刻意逃避。他们懂得扬长避短和取长补短的道理，也很清楚人生的道路上有太多的挑战，也有太多的阻碍。而他们要做的就是调整好心态，积极乐观，勇往直前。

为了让自己彻底摆脱嫉妒的情绪，他们会改变心态，不会盲目自卑。很多男孩因为觉得自己在很多方面不如他人，就会陷入自卑之中。殊不知，尺有所短，寸有所长，每个人都有自己的优势和长处，也有自己的弊端和短处。一个人既不要以自己的优点与他人的缺点比较，盲目自大，也不要以自己的缺点与他人的优点比较，盲目自卑。只有客观公正地认知和评价自己，给予自己最中肯的建议，才能怀着平常心对待一切，也才能在人生的道路上始终从容淡然，昂首向前。

将不良情绪放走，重拾快乐心情

不知道从何时起，瑞瑞变得越来越多愁善感了。曾经无忧无虑的他，如今有太多的担忧，为此而变得郁郁寡欢。有的时候，瑞瑞还会杞人忧天，为那些还没有发生的事情而焦虑，导致自己整天愁眉紧锁。看着不开心的瑞瑞，妈妈很担心，因而决定用事实告诉瑞瑞，好心情是自己找回来的。

有一个周末，趁着瑞瑞在家，妈妈拿出三张白纸，给自己和爸爸各自一张，给瑞瑞一张。妈妈对全家人说："今天，我们每个人都要参与实验，那就是在白纸上写下自己近来担忧的事情，然后交给我。"瑞瑞显然兴致不高，反问妈妈："难道把担忧的事情写下来，就能避免事情发生，变得快乐吗？"妈妈不愿意解释，故作玄虚地说："答案会在未来揭晓，不过现在我们每个人的任务就是按照要求去做。"就这样，爸爸妈妈和瑞瑞都在白纸上写下了自己的担忧，并且署名。妈妈连看也不看就把三张写满忧虑的白纸收起来，说："好了，半个月之后，咱们一起来揭晓答案。"

半个月里，瑞瑞始终都在关心着答案，但是妈妈口风很紧，从未透露过答案。半个月过去，又是一个周末，妈妈把全家人集合起来，把写满忧愁的白纸按照名字分发下去。然后妈妈说："现在，我们各自都来看看自己的忧愁，看看哪些忧愁真的发生了，哪些没有发生。"爸爸第一个惊呼起来："我的忧愁全都化为泡影了，没有一项变成现实。"瑞瑞仔细看了白纸，说："我有八条忧愁，只有一条实现了。"妈妈也看了自己的那张纸，说："我的忧愁也没有发生。"瑞瑞疑惑地问妈妈："这说明什么呢？"妈妈郑重其事地说："曾经有心理学家针对很多实验对象进行过这项实验，就是让实验对象把忧愁都写下来，等到一段时间之后再来看，结果和我们的结果一致，那就是事实证明很多忧愁都没有发生。这说明，我们担忧的事情根本毫无意义，因为它们大多数不会发生。"瑞瑞笑起来，说："但是也有一条忧愁的确真的发生了呀！"妈妈也笑了："从这个角度而言，恰恰证明忧愁更是毫无意义的，因为担忧也不能阻止该发生的事情发生。"爸爸恍然大悟："既然如此，我们还忧愁什么呢？岂不是自寻烦恼！"妈妈对着爸爸竖起大拇指，说："这位同学回答正确，我们这次实验的主旨就是大多数忧愁都不会发生，而该发生的事情还是会发生，所以忧愁毫无意义。那么，大家能做到放下所有的忧愁，开心快乐地生活吗？"瑞瑞这才理解了妈妈的用意，妈妈继续对瑞瑞说："尤其是瑞瑞小同学，不能少年不识愁滋味，为赋新词强说愁啊！以后，每天都开开心心，快快乐乐，好吗？"瑞瑞点点头，情不自禁地笑起来。

　　青春期男孩正处于身心快速发展的阶段，大量分泌的荷尔蒙也会对他们的心态和情绪产生影响，因而更容易陷入无端的忧愁之中，也很容易因为一些未必真的会发生的事情变得非常担忧。妈妈的心理学实验很好，以真实的结果告诉家里的每个人，大多数忧愁都不会变成现实，而对于一定会发生的事情，即使忧愁也不能阻止发生，从而让每个人都深刻意识到忧愁是毫无意义的，与其浪费宝贵的时间去忧愁，还不如尽情地享受快乐的生活，而等到事情发生的时候再"兵来将挡，水来土掩"呢！

　　人生不可能永远一帆风顺，所谓万事如意只是人们对于人生的渴盼和祝福而已。当认识到人生就是一个坎接着一个坎，失意不断，人们就能放开心态，不再纠结于人生的不如意。尤其是青春期男孩，正处于发展的关键时期，更不要让负面情绪影响自己的心情，使得自己陷入忧愁的旋涡之中无法自拔。记住，真正的人生强者并非得到了命运的青睐和善待，从未有担忧的事情发生，而是在面对很多境遇时都能怀着坚强的心，以乐观的态度面对，在与人生的不断博弈之中成长。

很多男孩都曾经听说过杞人忧天的故事，也知道过度的未雨绸缪和忧虑，从本质上而言就是杞人忧天，非但不会对避免问题的发生和解决问题起到积极的作用，反而会导致事与愿违，也会导致人生陷入困境。实际上，生活并没有我们想象的那么糟糕，很多忧虑都是被我们焦灼不安的心无形中放大的。与其担忧那些未必会发生的事情，让人生阴云密布，不如活在当下，把握当下，用每一个精彩充实的今天为人生着色！

克服害羞，男孩要大胆参与社交

瑞瑞原本是个活泼开朗的孩子，也很擅长与同学们相处，在生活中不得不面对陌生人时，尽管不能做到落落大方，却也不会害羞得抬不起头来。但最近这段时间以来，妈妈发现瑞瑞突然变得害羞了，每次妈妈要带着瑞瑞去亲戚朋友家里，瑞瑞总是拒绝，既不愿意和妈妈一起去，也不想面对那些陌生人。尤其是当面对同龄的女孩时，瑞瑞更是害羞得满脸通红，恨不得马上逃离。瑞瑞这是怎么了？为何男孩子到了青春期，性格会有这么大的改变呢？妈妈想不明白这个问题。

升入初中没多久，老师也向妈妈反映瑞瑞在课堂上沉默寡言，几乎从来不举手发言。听讲的时候，似乎是害怕老师注意到自己，瑞瑞也总是低垂着头，不敢看老师的眼睛。课间的时候，偶尔遇到老师，瑞瑞马上就会逃之夭夭，对老师连问好也没有。得到老师的反馈，原本妈妈以为瑞瑞只是长大了，性格改变了，这才意识到问题的严重性。如果瑞瑞害羞到影响正常的学习了，那当然是不可以的。妈妈决定带着瑞瑞去看看心理医生，想找到瑞瑞害羞的根本原因。

趁着周末，妈妈带着瑞瑞去拜访了心理医生。在心理医生的开导下，瑞瑞侃侃而谈，丝毫不掩饰自己内心的想法。原来，瑞瑞只是因为青春期内心比较敏感，担心自己做错事情而遭到批评和否定，更在乎他人的看法和评价，所以才选择封闭自己。心理医生建议妈妈尽量为瑞瑞营造和谐的交往氛围，也多多鼓励瑞瑞，从而渐渐帮助瑞瑞走出害羞的困境。

很多人都会感到害羞，所谓害羞，其实还有一层隐含的意思，那就是胆怯。大多数害羞者之所以害羞，都是内心胆怯导致的。例如事例中的瑞瑞由于进入青春期后过分在意他人对自己的评价，所以总是担心自己说错话或者做错事情，因而导致越来越自闭，根本不敢在公开场合表现自己。害羞的男孩都有几种典型的表现，那就是心跳加速，面红耳赤，因为紧张导致思维混乱，说起话来也颠三倒四的。在很多场合下，他们还会选择逃避，从而避免自己出丑。由于大多数青春期男孩情窦初开，对于异性开始萌生出不同的感觉，所以相当一部分青春期男孩面对异性的时候也会表现出更加羞怯的样子。

实际上，害羞并不罕见，至少有80%的成年人在回忆起自己的成长经历时，都承认自己曾经有过害羞的表现，而只有大概5%的成年人认为自己从来不害羞；既然害羞是男孩成长过程中不可避免的现象，那么就不要因为羞怯而给自己的成长带来太多的困惑。男孩应该有意识地战胜害羞的情况，例如，有意识地拓宽自己的人际交往范围，突破内心的极限在公开场合发表言论，或者是理性告诉自己把同龄的异性当成普通朋友对待，这对于缓解男孩的害羞情况都是有很大好处的。如果内心的恐惧依然存在，还有一种非常极端的方式，那就是当着所有人的面承认自己很担心，当捅破了害羞的这层窗户纸，男孩一定会感到非常轻松，也会因此而更能够落落大方地对待他人。实际上，害羞只是成长过程中不自信的表现，当男孩积极自信面对害羞的问题，就能更快地渡过困境。而如果男孩始终沉浸在害羞的情绪之中无法自拔，任由害羞主宰自己，那么就会导致害羞的情况更加严重。归根结底，每个人都要走出困境，融入社会，尤其是在成长之后，男孩需要面对更多的陌生人和陌生的环境，所以积极地帮助自己战胜害羞的情绪，是至关重要的，也是成长的必经阶段。

男孩不虚荣，淡定从容做自己

在心理医生的引导下，在妈妈的帮助下，瑞瑞渐渐摆脱了害羞的负面情绪，越来越大方，也更加自信。从刚刚升入初一时不愿意在任何人面前表现，到了初二，瑞瑞就变回了那个自信勇敢的小男孩，对于班级里的一切活动都踊跃参加，不再退缩。

最近这段时间，班级里要选出两名代表参加学校的奥数比赛，一直以来认为自己比较擅长奥数的瑞瑞也报名参加了。在经过几次选拔之后，瑞瑞却落选了，而他的好朋友小伟入选，得以代表班级参加比赛。对此，瑞瑞心中很不服气，暗暗想道："小伟的学习成绩还没有我好呢，凭什么他能参加比赛，我却不能呢？"回到家里，妈妈看到瑞瑞闷闷不乐的样子，以为瑞瑞又在自寻烦恼，因而提醒瑞瑞："瑞瑞小同学，不要为不必要的事情忧虑啊！"听到妈妈的话，瑞瑞突然发起脾气，冲着妈妈喊道："你懂什么啊，这么自以为是！"妈妈不明就里，当时很生气，后来想起瑞瑞话中有话，因而又追问瑞瑞原因。瑞瑞委屈地说："小伟都能代表班级参加比赛，我却不能，我觉得自己太丢人了！"妈妈问："有几个同学代表参赛呢？"瑞瑞回答："两个。"妈妈释然，说："我还以为全班同学都参加,只丢下你呢!只有两个同学参加,你不在其中,这很正常啊!"瑞瑞不以为然:"你根本就不懂,小伟的学习成绩根本不如我,我理所应当处处都比小伟优先啊!"妈妈安慰瑞瑞:"瑞瑞,你这种想法是错的。虽然你在学习方面比小伟占据优势,但是并不意味着小伟任何方面都不如你啊。每个人都有自己的优点,也有自己的缺点,一个人不可能在所有方面都比他人好的。况且,你也没有什么丢人的,因为你已经非常优秀了。"瑞瑞看着妈妈:"我真的很优秀吗?"妈妈毫不犹豫地点点头,说:"当然,爸爸妈妈都以你为骄傲呢!不过你也要知道,你的优秀不是为了与任何人比较,而是为了变成更优秀的自己,知道吗?"瑞瑞点点头,心中觉得舒服多了。

孩子们在一起也很容易陷入攀比的状态，这其实都是孩子的虚荣心在作怪。对于奋斗的意义，并非每个孩子都能深刻理解，相反，有相当一部分孩子都觉得自己之所以努力，是为了比其他人更优秀，是为了超过其他人，成为其他人羡慕的对象，也是为了得到老师和父母的认可与赞赏。其实，这些都是肤浅的理由，每个人最应该做的就是对自己负责，所以不要觉得自己的奋斗是为了别人，因为一切付出所得到的收获，最终都会回馈到自己身上。

青春期男孩尤其容易争强好胜，是因为他们自我意识越来越强，也更加融入集体。在集体生活中，他们的集体观念正在渐渐养成，与此同时也会因为虚荣心作怪，而情不自禁地把自己与其他孩子进行比较。其实，积极的比较会让孩子们更加努力，争取进步，而如果孩子的心态不够好，就会在比较之中失去心理平衡，也导致自己陷入误区。

每个人在人生之中都会遭遇失败，真正的常胜将军是不存在的。很多时候，我们羡慕他人的成功，却不知道他人在成功背后付出了多少，又坚持了多久。男孩一定要端正心态对待成长中遭遇的失败，只有正视他人的成功，不逃避自己的失败，男孩才能更加积极主动地前行，也才能活出真实从容的自己。

青春期男孩如何控制自己的坏脾气

自从上了初三，原本好脾气的瑞瑞就像变了一个人，总是动辄就生气，还会因为火冒三丈、怒火中烧，而做出很多让自己后悔的事情。例如，上个周末，因为姑姑家的表弟来家里玩耍的时候不小心弄坏了瑞瑞的一本书，瑞瑞就马上大发脾气，还让表弟马上离开他的房间。看到瑞瑞歇斯底里的样子，姑姑也觉得很尴尬，连午饭都没吃，当即带着表弟离开了。为此，爸爸妈妈狠狠地批评了瑞瑞。事后，瑞瑞想起一直以来姑姑都很疼爱自己，也感到非常懊悔，虽然给姑姑和表弟道歉了，但是后来姑姑和表弟很少再来家中做客了。

还有一次，正逢周日，因为瑞瑞看电视时间比较迟了，妈妈就催促瑞瑞早点洗漱睡觉，因为周一需要早起。没想到瑞瑞当即发起脾气，还故意看电视到晚上十点半才洗漱睡觉，导致周一早晨起床非常痛苦，险些迟到。面对如今和刺猬一样的瑞瑞，妈妈也很无奈，不知道曾经乖巧懂事的儿子哪里去了，如今只有这个脾气满天飞的刺头在他们身边。渐渐地，爸爸妈妈都有些害怕和瑞瑞交流了，而在学校里，瑞瑞也是个炮仗脾气，导致被同学们疏离，因而瑞瑞越来越陷入孤独之中，很快就变成了独行侠。

　　青春期男孩正处于身心快速发展的阶段，再加上荷尔蒙的大量分泌，导致他们总是情绪反复无常，这也是正常的。但是，青春期男孩不能任由自己的坏脾气继续肆意横行，而是要理性认知自己的脾气，要以积极的态度控制脾气，这样才能有效缓解坏脾气的发作，也不至于让自己变成孤家寡人。

　　此外，青春期男孩的心理状态还不成熟，对于很多事情都不能做出理性的抉择，因而也时常处于左右为难之中。然而，这一切并不会无限期地延长下去，随着男孩不断成长，人生经验也越来越丰富，最终男孩会成为情绪的主人，主宰情绪，合理控制自己的坏脾气。那么，青春期男孩在脾气暴躁阶段，如何才能控制自己的坏脾气，尽量保持友好理性地对待身边的人，也圆满地处理各种成长过程中的难题呢？

　　首先，适度的运动能够有助于调节内心的压力和紧张的情绪状态，尤其是户外运动，亲近大自然，更能够缓解男孩的情绪，帮助男孩的身体释放快乐的物质；特别是当酣畅淋漓发泄完所有多余的精力后，男孩往往会觉得自己内心很平静。其次，很多老司机都知道遇到红绿灯的时候宁停三分，不抢一秒，才能保障安全。其实对于冲动易怒的青春期男孩而言，每当坏脾气要发作的时候，也相当于情绪亮起红灯，这个时候不妨冷静几分钟再做出反应，就能有效避免因为冲动而做出让自己追悔莫及的举动。再次，青春期男孩经常面临情绪的火山爆发，最好为自己找到合理的情绪宣泄途径和办法，这样才能及时疏导情绪，也才能让自己第一时间恢复冷静和理智。有很多方式都能帮助男孩发泄情绪，例如，唱歌、大喊、运动，或者向他人倾诉，或者写日记，看电影等，都是不错的发泄方式，很适合青春期男孩采用。最后，青春期男孩也要意识到自己是独立的生命个体，不可能所有地方都尽善尽美，而是会有很多缺点和不足。只有做到悦纳自己，青春期男孩才会拥有好心情，才能避免对自己吹毛求疵，也避免对自己有过高的期望，导致自己陷入失望的困境中。归根结底，人生从来不是完美的，每个人都是人生旅途上的旅者，只要拼尽全力向前，用心欣赏过程的美景，这就足够了。

识别假象，青春期男孩要有透彻的洞察力

　　很多青春期男孩都大大咧咧的，殊不知危险在生活中无处不在，要想有效保护自己，男孩就要拥有火眼金睛，并且让自己的心玲珑剔透，这样才能辨识生活中的很多假象，从而有效保护自己，让自己平安快乐地成长。

多加学习，青春期男孩能识人察人

正在读六年级的彤彤非常擅长写作文，这都是因为他平日里喜欢阅读的功劳。为此，彤彤的语文成绩在班级里也始终名列前茅，每次作文课，老师都会将彤彤的作文作为范文，朗读给同学们听。与彤彤恰好相反，他的同桌小蕊尽管学习成绩也不错，但最发愁写作文，而且一上作文课就头疼。

这一天，老师又布置了一篇作文，还说会选出优秀的作文参加学校的作文比赛，如果在学校的作文比赛中得奖了，还有机会代表学校去参加县里的作文竞赛呢！为此，彤彤对于这篇作文非常重视，绞尽脑汁，想要把作文写得出彩。彤彤才完成草稿，小蕊就问彤彤："彤彤，你这么快就打完草稿啦，能给我看看吗？学习一下，太羡慕你腹有诗书了。"彤彤丝毫没有多想，反而因为得到小蕊的羡慕而沾沾自喜，毫不戒备地把作文草稿给小蕊看。结果，小蕊被选上了，代表班级参加学校里的作文比赛，而彤彤却落选了。彤彤很纳闷，既然小蕊一直以来都不喜欢写作文，而且写作文的水平也有限，为何这次却能超越自己，成功地被选中呢？直到作文发下来，彤彤才知道原因。原来，小蕊的作文和彤彤的作文相差无几，彤彤所有的精华小蕊都有，而且小蕊还在彤彤不出色的地方，也写出了绝妙的感觉呢！彤彤当即就知道是怎么回事了，失去了这个代表班级参加作文比赛的机会，彤彤很懊丧，但是通过这件事情知道小蕊的为人，彤彤又觉得很庆幸。后来，小蕊再想看彤彤的作文学习，彤彤都会直截了当地拒绝："你还是参照作文选吧，我的能力有限，我写作文还没有你好呢！"小蕊心知肚明彤彤说的是什么，也就没有再提出非分的请求。

　　虽然不是第一天和小蕊同桌，但是彤彤还是不可避免地被小蕊摆了一道，精心构思和完成的作文，就这样被小蕊窃取了，彤彤觉得很伤心，也因此吃一堑长一智，后来就对小蕊有所戒备，不再借出作文草稿给小蕊学习了。对于彤彤而言，这尽管是一次惨痛的教训，但是也给彤彤积累了知人识面的经验。

　　在成长的过程中，男孩总会付出一定的代价，这代价或者很小，也或者很大；但是有一点毋庸置疑，就是成长总是一步一步脚踏实地才能进行下去，而从来不是一蹴而就的。这个世界上既没有天上掉馅饼的好事，也没有一蹴而就的成功，更没有一步登天的进步，每个男孩都要摆正心态，即使在成长之中受到了伤害，得到了教训，遭遇了失败，也不要懊丧。尤其是在人际交往中，要想更加了解他人的为人品行，更需要漫长的时间，才能在点点滴滴的小事之中观察他人，也才能真正做到了解他人。当发现某个人不值得信任和深入交往时，男孩就要有所防备，要在与对方维持表面和平的情况下，做到心中有数。总而言之，没有一定的成长经历和人生经验，男孩是不可能知人识面的。所以男孩一定要更用心对待成长，也要真正保持积极的心态与他人交往，多多留心，处处学习。

火眼金睛，男孩要有识别骗术的能力

从小以来，彤彤最讨厌的就是被欺骗。哪怕是善意的谎言，彤彤也不能接受，更不能容忍，因为他对人际相处的真诚几乎达到了苛刻的程度。为此，彤彤的身边并不像其他同学那样拥有很多好朋友，反而，彤彤的朋友很少，对于真诚友谊的追求，让彤彤只与少数几个同学成为朋友，相互信任。每当要发展新朋友时，彤彤总是很小心谨慎，因为他要考察对方是否真诚，又是否会说谎。对于爱撒谎的人，彤彤是绝对不能容忍他们成为朋友的。

因为班级里调整座位，彤彤与默默成为了新同桌。默默看起来人如其名，从来不爱多说话，总是保持沉默的状态。为此，彤彤与默默在很长一段时间里都保持生疏的关系，并没有像班级里大多数同桌那样很快熟悉起来。彤彤暗暗想道：这个新同桌不知道是否会像小蕊一样"暗算"我，不过他看起来挺老实的，希望我们之间的交往以慢热开始，能有好的结局吧！

有一次，彤彤因为忘记带橡皮了，所以向同桌紧急求助。不承想，默默也很凑巧没带橡皮，当听到默默说自己也没带橡皮时，彤彤的第一反应是：哪里有这么巧呢，肯定是不想借给我用，才故意撒谎的。然而，接下来，默默很热心地帮助彤彤向前排同学借橡皮，到了课间还气喘吁吁地跑到校门口的小超市里买了两块橡皮，送了一块给彤彤。彤彤觉得心中很温暖，如果默默是撒谎不想借橡皮给彤彤用，有必要这么做吗？自从这件事情之后，彤彤感受到默默在默默无闻的背后隐藏着的热情和真诚，渐渐地，彤彤对默默打开心扉，与默默成为了很好的朋友。

很多人都讨厌谎言，更不愿意被谎言欺骗，对于青春期男孩而言，被欺骗会使他们怀疑自己的能力，觉得自己没有识别力和判断力，给他们的感觉简直糟糕透了。为此，大多数青春期男孩都希望自己不被欺骗，而渴望真诚的友谊。彤彤也是如此，所以在向默默借橡皮无果之后，彤彤产生了怀疑，但是却没有轻易说出来；他继续观察默默，发现默默真的没有带橡皮，因而心中释然。后来，又看到默默热心地帮他借橡皮，还利用下课时间以百米冲刺的速度去买橡皮，彤彤更是深受感动。孩子之间的友谊是非常纯粹的，他们没有那么多的功利思想，而是以赤子之心感受他人对自己的真心诚意，一旦发自内心认可和信任他人，就会全身心投入彼此的交往之中，无所保留。

人人都渴望真诚的友谊，不仅孩子如此，成人也是如此。然而，正如古人所说，人生得一知己足矣，由此可见真朋友是不容易得到的。很多男孩担心自己不能识别他人的谎言，因而遭遇被欺骗的厄运，实际上，只要用心感受，练就火眼金睛，谎言是很容易被戳穿的。例如，事例中的彤彤，就是感受到了默默的真心诚意，才与默默成为真正的好朋友、好同桌。当然大多数人在撒谎的时候都会有异常的表现，如面红耳赤、说话结结巴巴、眼睛不敢正视等。更多地了解这些撒谎者才有的面部表情和肢体语言，有助于男孩更加眼光犀利，拨开迷雾见到真相，也更有效率地识别谎言，拒绝谎言。

人与人之间的交往，一定要建立在相互尊重、平等相待和真诚相对的基础之上。否则，如果缺乏尊重和信任，导致在交往中总是疑神疑鬼，不能完全相信对方，那么交往就不是一种享受，而是一种折磨。对于男孩而言，也不要因为总是怀疑他人的真诚，就拒绝与他人坦诚相待。记住，人与人之间的一切付出都是相互的，男孩要想得到他人的真诚相对，就一定要更加真诚地对待他人，才能让交往真诚地进行下去。所谓种瓜得瓜，种豆得豆，用在人际交往的互动之中，也是非常恰当的。也许有男孩会担心：如果我真诚地对待他人，但是却被他人欺骗，怎么办呢？正如前文所说，成长总是要付出代价的，任何时候，人生都不能因噎废食，哪怕冒着被他人欺骗的风险，男孩也应该真诚友善地对待他人在前。否则，如果男孩对他人疑神疑鬼，始终不愿意信任他人，又如何能够得到他人的真心相对呢？予人玫瑰，手有余香，当男孩信任他人，就会发现维护良好的人际关系其实并不像想象中那么艰难和复杂。

从细节入手，发现他人的谎言

自从有了新同桌默默，彤彤对于老同桌小蕊曾经对自己的伤害也不那么放在心上了。默默是个非常宽容平和的人，很能设身处地地为他人着想。有一次，彤彤对默默说起被小蕊剽窃作文的事情，默默说："一定是小蕊真的非常羡慕你的才华，才想出这样的方法。这其实是小蕊崇拜你，以小蕊这么好的学习成绩，才不愿意盲目模仿别人呢！"听了默默的话，彤彤心中释然地说："看来，我也该原谅小蕊了，毕竟小蕊也和我同桌了一年多呢，就因为小小的错误就拒绝小蕊的友谊，也不好。"默默当即鼓励彤彤："你说得很对。我听其他同学说，下周一是小蕊的生日，如果你想和小蕊恢复友好关系，不如就大人有大量，送个生日礼物给小蕊。大人不是常说以德报怨么，你不记恨小蕊，反而送礼物给小蕊，一定会让小蕊很感动的。"在默默的建议下，彤彤趁着周末的时间，就开始为小蕊准备礼物。

彤彤想到送一本书作为礼物给小蕊，但是送什么书呢？他们之前因为作文结下梁子，要是送作文选显然不合时宜。彤彤想到了一套很多女孩都喜欢看的漫画书，因而决定送漫画书给小蕊。正在结账的时候，彤彤想到默默作为女孩也一定喜欢这套漫画书，自己既然都能不计前嫌送给小蕊漫画书，理所当然也该给默默送个礼物。所以彤彤当机立断又购买了一套漫画书送给默默。当默默看到自己的课桌上躺着包装精美的整套漫画书，感动得眼泪都流出来了。她真诚地对彤彤说："彤彤，你真是个暖男，我真幸运和你成为同桌。"虽然在此之前彤彤和默默已经成为好朋友，但是在这个暖心举动之后，彤彤明显感觉到自己和默默的关系又更亲近了，就像知己。最重要的是，彤彤和小蕊之间也尽释前嫌，小蕊因为彤彤的暖心举动，成为了彤彤的铁哥们。

　　彤彤的确是一个暖男，也许在没有得到默默的指点之前，他没想到应该从细节着手，与小蕊改善关系，毕竟同学一场也是缘分呢。在得到默默的指点之后，彤彤一发不可收拾，居然举一反三，做出让默默感动不已的举动。人与人之间的缘分，并非只能靠着天注定去完成，更多的时候，一个小细节的关注，就能打动人心，让人的内心变得柔软和温暖。

大多数青春期男孩都大大咧咧的，实际上，粗心不应该是青春期男孩的特点。要想让自己成为暖男，青春期男孩就要更加关注细节，也要更加注重在细节方面与朋友的互动。男孩不仅可以感动女孩，只要把朋友的情谊做到细致，还可以感动很多同性的朋友。朋友一生一起走，每个青春期男孩都需要朋友的陪伴和友谊的滋养，因而要珍惜友谊，更要以用心和细致，呵护友谊的花朵常开不败。

细节应该渗透到生活的方方面面，青春期男孩不仅可以把对细节的关注投射到友谊上，还可以把对细节的关注投射到与父母的感情之中，以加深亲子关系与感情。总而言之，细节是每个人都不能忽视的，也是做好每件事情、经营好每一份感情必须重视的。认识到这一点，男孩就不会再以大大咧咧为荣，而是努力做到尽善尽美。

路遥知马力，日久见人心

在一次数学考试中，彤彤有道数学题不会做，这道题目位于试卷末尾，占很多分数，因而彤彤急得抓耳挠腮。正当彤彤急得如同热锅上的蚂蚁团团乱转时，突然看到同桌默默已经顺利完成了试卷，正在检查准备交卷呢！彤彤当即在课桌下面用脚轻轻地触碰默默，等到默默看向他的时候，又马上用眼神示意默默把试卷翻到题目那里，给他抄写。默默看了看彤彤，一声不吭，连检查都不查了，就把试卷交给了老师。彤彤以为默默没有领会他的意思，懊丧得唉声叹气，只好自己留在座位继续冥思苦想。

考试刚刚结束，彤彤就抱怨默默："默默，你怎么那么笨呢，我都暗示你把试卷给我看看了，你还交卷走了。下次，能不能有点默契？"默默淡然地说："不能，因为我是故意提前交卷的，就是为了打消你的歪念头。"彤彤原本以为默默不理解他的意思，听到默默是故意交卷的，彤彤着急了："你真是不够意思啊，你只需要把试卷翻过来就行！"默默说："这道题目老师昨天刚刚讲过，谁让你不认真听讲呢！就得让你接受教训，你下次才知道要带着两只耳朵认真听讲。再说我这次给你抄了，等到正式考试的时候，你还能继续抄吗？"虽然觉得默默说得有道理，但是彤彤还是一时之间转不过弯来，接连两天都没理默默。有一天自习课，默默主动拿出一张报纸，为彤彤讲解那天的题目，彤彤这才勉为其难地接受了默默的好意。等到真正掌握了这道题目，默默笑着问彤彤："这下子彻底不怕考试了，还生我的气吗？"彤彤真正理解了默默的良苦用心，不好意思地笑了。

如果彤彤认为考试的时候帮他作弊的朋友，才是好朋友，那么显然彤彤是大错特错了。默默是真正的好朋友，考试结束之后默默主动为彤彤补习不会的题目，证明了默默对彤彤的真心好意。

了解一个人到底需要多久的时间？很多性情爽直的青春期男孩未必了解这一点，所以他们在初步了解一个人时，就会不负责任地断定自己与对方志同道合、性情相投，是可以相互信任和深入交往的。等到随着时间的流逝，对方的真面目渐渐表现出来，男孩又会觉得倍受伤害，甚至为此而懊丧不已，恨自己没长眼睛，居然轻信了一个居心叵测的人。

老话说，路遥知马力，日久见人心。尽管这句话已经传承了很久，但是并没有随着时间的流逝而失去其真知灼见的本质，反而在岁月的流逝中，很多事情都证明了要想深入了解一个人，的确是需要时间的。在一切都顺遂如意的时候，人心并不会显露无遗，因为有更多的时间和空间去呈现，所以人心会经过掩饰，表现出美好纯真的样子。只有等到关键时刻，人因为没有时间去思考和掩饰，所以往往会露出本能的表现，而更加真实和自然。只有在这样的时刻，每个人看到的和感受到的才是真正的朋友。然而，生活中并不总是危机，既然如此，男孩就不要急于肯定或者否定一个朋友，而要耐心等待，用心感受朋友的真心。当朋友之间一起经历的事情更多，彼此间也就更加了解，从而有深入的认知，也更准确地判断这个朋友是否真正值得交往，在危急时刻又是否值得信任和托付。

男孩还需要注意，只会说甜言蜜语的朋友未必是真朋友，也许是混在你的身边打酱油的。真朋友除了叫好之外，还会更加重视给你提出中肯的意见和建议，也会直言不讳为你指出错误，因为他们是发自内心为你好，把你是否会怪罪他们放在次位。所以男孩更要擦亮眼睛，不要对说出逆耳忠言的朋友一味地抱怨，也不要不假思索就觉得只有阿谀奉承自己的朋友才是好朋友。明智的男孩一定会用心感受，哪个朋友是真心为自己好的，哪个朋友只是顺便路过来打酱油的。

青春期男孩，不要被第一印象蒙蔽

　　新学期开始，班级迎来了新同学。新同学是个从外地刚刚转学来的男生，叫刘欢，看起来表情酷酷的，一副高高在上的样子，和歌星刘欢笑眯眯的模样截然不同。最重要的是，这个叫刘欢的男同学后来居上，在学习上表现非常突出，这让一直以来因为学习成绩好而深受老师喜爱的彤彤很嫉妒，也为此对刘欢留下了不好的印象。

　　此后大概一个月，班级里大多数同学都与刘欢相熟了，唯独彤彤与刘欢保持着距离。而刘欢呢，尽管对大家都很热情，却也和彤彤心有灵犀一样，对彤彤敬而远之。直到有一次，彤彤和刘欢一起代表班级和学校参加县里的奥数比赛，这才有了独处的时间。

　　参加比赛当天，一开始他们还保持着生疏的距离，后来彤彤发现自己忘记带一个重要的文具，因而不免着急起来。这时，刘欢热情地拿出自己特意多准备的文具递给彤彤，说："给你用吧，我是作为备用的，就是担心咱们俩出什么状况。"看到刘欢这么细心，还把自己的突发情况也考虑在内，彤彤非常感动。比赛结束后一起回家时，彤彤对刘欢说："看起来，你也不像给人的第一印象那么孤傲高冷。"听到彤彤这句话，刘欢简直笑喷了，说："我孤傲高冷，孤傲高冷的是你好吧。看看我初来乍到，你就对我表现出不可一世的样子，简直像在告诉我，这里是你的地盘。我还能怎么办，只好乖乖的，离你远一点。"彤彤也很惊讶："我哪里有，我是想欢迎你，被你的孤傲高冷吓倒了好吧？"这时，彤彤和刘欢情不自禁相视而笑："哈哈，这就叫英雄相惜。"

一直以来，人们都被第一印象欺骗了，也总是凭着第一印象判断他人。殊不知从心理学的角度而言，第一印象尽管有道理，也的确会使人初见端倪，却未必完全准确。前文说过，路遥知马力，日久见人心，如果没有长期的相互了解，很难真正了解一个人。所以第一印象只能作为人们相互了解的第一个步骤，也是最粗浅的步骤，在与人交往的过程中，千万不要被第一印象误导和欺骗，导致彼此都陷入误区。

青春期男孩正处于身心快速发展的阶段，因而看起来会给人以耍酷的感觉，这是因为随着身体变得高大强壮，青春期男孩的确觉得自己真正长大了，可以像大人一样更深沉。也许恰恰是这样的外在表现，让青春期男孩显得拒人于千里之外。在彼此的交往中，男孩千万不要被对方这样的冷酷外表迷惑，而是要更加深入了解对方的内心，从而才能打开对方的心扉，走入对方的内心世界，与对方更好地相处。

第一印象可以给人际交往提供参考，但是不能由此而判断一个人是怎样的。就像事例中的彤彤和刘欢，如果不是借着参加奥数比赛的机会单独相处，也许还要很长时间都彼此疏离，假装深沉呢！尽管"酷"是青春期男孩的追求，但是在应该表现出积极热情的时候，青春期男孩不要被对方的"酷"和自己的"酷"隔阂了，而要勇敢地迈出第一步，伸出友谊的橄榄枝，这样才能收获友谊！

坦然待人，才能同样获得他人的真诚相待

彤彤和刘欢成为了很好的朋友。刘欢其实是一个很善于交际的人，原本就有很多朋友，因而在与彤彤刚刚结为朋友的新鲜时期过去之后，刘欢对彤彤的关注就没有那么多了。为此，彤彤感到很不开心，故意疏远刘欢。有一天放学，刘欢远远地喊"彤彤等等我"，彤彤却装作没听见，连头都不愿意回。刘欢不知道彤彤生气了，还以为彤彤没有听到他的喊声呢，因而次日一到学校就问彤彤："你昨天怎么没听到我叫你啊！"彤彤冷冷地哼了几声，刘欢丈二和尚摸不着头脑，走开了。

更了解彤彤的默默看出彤彤很不开心，问彤彤："你怎么了？"彤彤不愿意说，默默善解人意地说："你一定生刘欢的气了，因为刘欢朋友很多，根本无暇顾及你，而不像你一样只把他当成最好的朋友。"默默的话说到了彤彤的心坎里，彤彤也就没有必要继续掩饰，因而闷闷不乐地点点头。默默说："其实，刘欢和咱们的性格是不同的。咱们比较内向，喜欢结交特别好的朋友，而刘欢很外向，人缘好，所以喜欢结交更多的朋友。你应该把你的感受告诉刘欢，否则刘欢根本不了解你为何生气，这样刘欢才能找到更好的方式和你相处；朋友之间，不是也需要磨合么！"彤彤觉得默默的话很有道理，因

而找到合适的机会把自己的感受告诉刘欢。果然，刘欢根本没有意识到彤彤是在生他的气，只以为彤彤是心情不好不想说话呢。经过这番深入交流，彤彤和刘欢更加彼此理解，也渐渐磨合好了，他们的友谊更加坚固了。

如果彤彤一味地把不开心隐藏起来，默默地生气，却从来不明确说出自己的感受，那么直到友谊的小船倾覆，也许刘欢都不知道到底是为什么。幸好有善解人意的默默在一旁多多指点，开解彤彤的心结，才能让彤彤真正和刘欢坦诚相待，说出自己的感受，从而维持了友谊。

一个人从来都不是另一个人肚子里的蛔虫，更何况青春期男孩因为正处于身心发展的特殊阶段，所以情绪波动很大，心情也总是变幻莫测呢！要想让他人包括父母在内了解自己，青春期男孩千万不能想当然，觉得对方理所当然要理解自己的情绪和感受。试问，连最了解你的父母都猜不透你正处于青春期的心，更何况是与你一样处于青春期的同学和朋友呢！所以要想求得理解，青春期男孩就要积极主动坦诚表达自己的感受，并且积极地与他人进行深入的沟通和交流，这样才能做到心意相通，也才能减少误解。

坦诚相待，对于要想成为朋友或者已经成为朋友的男孩之间，是必不可少的交往基础；否则彼此不管有什么不愉快都隐藏在心里，始终像是在和对方捉迷藏一样躲来躲去，不但白白浪费很多时间，而且根本不能对交往起到有益的推动作用。

曾经有一首歌里唱道，"女孩的心思你别猜，别猜，你猜来猜去也猜不明白"，这里我们也要说，"男孩的心思你别猜，别猜，你猜来猜去也猜不明白"。既然猜不明白，男孩就要坦率剖析自己的内心，把所有的心情都展示给朋友看，这样才能推动友谊不断深入发展，也才能拥有真正交心的好朋友。

对待陌生人，青春期男孩谨慎应对，防止被欺骗

随着社会的发展，各色人等层出不穷，尽管男孩不断成长，智力水平越来越高，但是坏人的骗术也不断更新，层出不穷。因而男孩一定要与时俱进，多多留心，要用心观察，才能避免被坏人欺骗。尤其是在面对陌生人时，男孩更是要引起足够的重视，毕竟骗子的脸上是没有标签的，只能靠男孩去用心辨识。

小心陌生人，别被坏人欺骗

　　豆豆这个名字，大多数人听到一定会认为豆豆还是个小孩子，实际上已经十岁的豆豆，最烦别人把他当成小孩子对待。豆豆总是向父母宣告："我长大了，是男子汉了，请叫我大名，不要总是喊我豆豆。"然而在爸爸妈妈心中，不管豆豆多大，都是他们的乖儿子，都是需要他们关心、照顾和用心保护的小孩子。因而妈妈总是对豆豆说："你就算八十岁了，在爸爸妈妈心中也是孩子。"基于这样的想法，爸爸妈妈一直把豆豆照顾得很好，妈妈更是个全能手，导致豆豆都十岁了，从未帮家里做过任何家务；为了独自上学放学，豆豆和妈妈争取了好几次，才成功。终于可以不用爸爸妈妈接送了，豆豆觉得特别新鲜，也浑身轻松。

　　爸爸妈妈在尾随豆豆几次之后，认为豆豆已经学会过马路，因而就放心地任由豆豆一个人上学放学了。然而，有一天放学，豆豆晚了一个多小时还没回家，在确定豆豆没有被老师留在学校写作业后，爸爸当即从单位请假，火速沿着从学校回家的道路寻找豆豆。爸爸找了两遍，都没有找到豆豆，不由得纳闷：豆豆能去哪里呢？在寻找第三遍的时候，爸爸发现豆豆正在朝着家里走去，当即赶上去焦急地问："豆豆，你去哪里了，我怎么刚才没看到你？"豆豆看到爸爸来了，很兴奋地说："爸爸，我刚才做好事了，有个小弟弟找不到家了，我就陪着小弟弟在超市门口等了很久。"听到豆豆的话，爸爸更着急了："你还挺会做好事，你知不知道爸爸妈妈都快急疯了呢！"豆豆不知道爸爸为何着急，说："我这不是好好的嘛！"爸爸语重心长地对豆豆说："豆豆，坏人脑门上是没写字的，而且如今还有坏人利用孩子做坏事呢！你要是看到小弟弟需要帮助，可以把他交给超市的人，让超市的人帮忙报警，自己可不能站在那里等着，因为你连保护自己的能力都还没有。"豆豆有些不服气："后来，小弟弟的妈妈真的来了。"

爸爸问："你如何判断那是小弟弟真正的妈妈呢？如果是大人利用孩子想要骗你，让你跟他们一起走，怎么办？也许他们是真的走散了，也许是因为看到超市人多才没有对你下手呢？总而言之，以后千万不要随便和陌生人在一起，包括陌生的孩子也不行！"爸爸的话让豆豆感到后怕起来，他说："爸爸，真的这么可怕吗？"爸爸点点头："你必须做到家与学校两点一线，否则爸爸妈妈就不能让你独立上学放学了！"一听到好不容易争取来的权利有可能被没收，豆豆赶紧点头表示接受。

在成长的过程中，男孩接触最多的人就是家人，等到进入学校，又开始与老师、同学接触。尽管如今的学校也不都是一片净土，家庭环境也并非没有任何污染，但是相比起社会上复杂的环境来说，学校和家庭之中的环境都是相对简单的，而且不管是父母还是老师、同学，对于男孩都是没有恶意的。渐渐地，男孩厌倦了被保护，尤其是进入青春期之后，男孩觉得自己已经长大了，不但身高和体重猛增，而且心理上也渐渐成熟，所以他们不甘心继续在单纯和熟悉的环境里生活，而想要寻求新鲜的刺激。在这种情况下，每当有机会与陌生人接触，男孩总是很兴奋，甚至因此上了陌生人的当，导致自己受到严重伤害。

一个人如果长期处于充满善意的安全环境中，就会缺乏安全意识，如果父母没有有意识地培养男孩的安全意识，帮助男孩提升自我保护的技能，那么男孩根本不知道危险就潜伏在生活的某一个角落中，甚至就在他们身边。这样的男孩神经大条，对人毫无戒备之意，当然是非常危险的。尤其是如今的坏人越来越会伪装，他们的脑门上没有写字，脸颊上没有标签，一旦他们表现出和善的一面，更会迷惑男孩的心。为了避免受到陌生人的欺骗和伤害，男孩一定要远离陌生人，尤其是在独自行动时，更不要与陌生人搭讪，或者接触。常言道，小心驶得万年船，当男孩的活动范围不断扩大，危险总是突如其来。男孩一定要有安全意识，也要掌握自我保护的技巧，才能真正远离危险，有效地保护自己。

热心男孩为人指路，但不要盲目带路

　　有了上次的教训之后，在上学放学的路上，豆豆再也不敢与陌生人搭讪了。然而，有一天，豆豆放学的路上遇到一个白发苍苍的老奶奶。老奶奶问豆豆："小朋友，你知道育新小区怎么走吗？"豆豆当然知道育新小区，就在他们学校附近。为此，豆豆热心为老奶奶指路。但是，老奶奶年纪太大了，耳朵有些背了，眼睛也昏花了，豆豆接连告诉老奶奶好几遍，老奶奶都听不清楚，也找不到。老奶奶问豆豆："小朋友，我年纪太大了，你能把我送到育新小区吗？"

　　豆豆正想答应老奶奶，觉得折返学校花不了多长的时间，不至于让爸爸妈妈着急。然而，当走到最近的十字路口时，豆豆看到交警，突然想起妈妈曾经告诉他的："不能给陌生人带路，在给陌生人指路的时候，也要保持安全距离。"这句话让豆豆猛地打了个激灵，这个老奶奶看起来这么老了，为何一个人在外面呢？万一是坏人怎么办？老奶奶应该不是坏人吧，那么如果是坏人怎么办？为了安全起见，豆豆对老奶奶说："老奶奶，那里有警察，我让他送您回家吧！"说完，豆豆就找到交警，说了老奶奶的情况。等到转身去看老奶奶的时候，豆豆才发现老奶奶已经走出很远了。

回到家里，豆豆把情况告诉爸爸妈妈，爸爸妈妈异口同声地说："以后，不许给任何陌生人带路。"豆豆也意识到危险，连连点头。爸爸更是再三强调："哪怕老奶奶真的是好人，也不能给她带路，让她找警察带路，这是最好的办法。"豆豆扬扬得意，对爸爸妈妈说："怎么样，你们的儿子还是很机灵的吧！"

前几年，有一位护士学校的女孩给陌生的孕妇指路，后来在孕妇的请求下，又帮孕妇拎着沉重的东西送到家里，还接受了孕妇的邀请去孕妇家里坐一坐。就是因为缺乏安全意识，这个女孩一错再错，最终被孕妇的丈夫奸杀，残忍地分尸。原来，那个孕妇就是因为在怀孕期间无法满足丈夫的生理需求，所以有预谋地引诱女孩送她回家，供给丈夫发泄"兽欲"。如花似玉的女孩，善良热情的女孩，就这样香消玉殒，再也没有机会走出那个邪恶的地方，也给父母造成了一生都无法挽回和忘却的伤痛。假如女孩有警惕意识，给孕妇指路之后，拒绝送孕妇回家或者送孕妇到达家门口之后，拒绝跟随陌生人进入陌生的封闭环境，那么她至少还有机会逃跑，也有机会呼救，而不会成为案板上的肉任人宰割，默默无声地死去。

如今，坏人的花样越来越多，很多坏人还会在单身女性的门口播放婴儿哭泣的声音，从而引诱单身女性打开房门，坏人趁机进入室内行凶作案。不得不说，坏人花样频出，为了保护好自己，不管是单身女性，还是单身男性，也不管是成人，还是孩子，都要提升安全意识，才能更有效地保护自己。事例中，豆豆还算机灵，在送了老奶奶一程之后，决定把老奶奶交给警察。作为老人或者成年人，主动提出让一个孩子送自己到某个地方去，动机一定是不纯的。既然走到哪里都能遇到人，自己又长着一张嘴，为何不能边问边找呢？这样的人即使不是坏人，也必然是自私的人，男孩一定要擦亮自己的眼睛，辨识他人的用意，学会判断自己正在经历的事情，才能有效保护自己，避免自己遭到伤害。

除了陌生人之外，如今，很多男孩都有手机，也会接到陌生人的电话。陌生人行骗的方式也不再局限于当面行骗了，他们还会给各个电话号码打电话，或者在QQ、微信等社交工具上说出蛊惑人心的话。男孩一定要时刻保持警惕，不管是对现实生活中的陌生人，还是对电话和社交工具中的陌生人，都要做到不接触、不靠近，也绝不轻信。现代社会，危险无处不在，骗子也以各种面目出现，男孩唯有以强烈的自我保护意识为自己铸就安全的铜墙铁壁，才能拒绝危险的靠近，也才能避免危险的发生。

男孩学会三缄其口，不当大喇叭

在爸爸妈妈的安全教育之下，豆豆与陌生人的确能够保持安全距离，也不会再做给陌生人带路的傻事了。然而，豆豆只知道不能与陌生人亲近，却不知道在与陌生人交谈时，也应该多多留心，管好自己的嘴巴，千万不要因为一时疏忽，就把家里的信息都告诉陌生人。

一个周末，因为妈妈要加班，所以豆豆和妈妈一起去上班。豆豆上午一直在写作业，下午完成作业后，就在妈妈单位的院子里玩耍。在花坛附近，豆豆遇到一个陌生的阿姨。这个阿姨看到豆豆可爱，就逗着豆豆说话，还问豆豆的妈妈叫什么名字，在哪个部门工作。其实，这个阿姨也是单位的工作人员，因而当豆豆说出妈妈的名字和工作部门时，阿姨就知道豆豆是谁家的孩子了。阿姨看到豆豆很喜欢交谈，便一直逗着豆豆，结果十几分钟下来，豆豆对阿姨有问必答，把自己家的门牌号都告诉阿姨了，阿姨笑得前仰后合，要领着豆豆去找妈妈。不过，豆豆很警惕，当即说自己会去找妈妈，就一溜烟地跑了。快下班的时候，阿姨找到豆豆妈妈，说："小芳，你家孩子很有意思，很爱交流。我中午之后和他在花坛边聊了一会儿，现在我连你家住在哪里都清清楚楚啦！"妈妈听到阿姨的话，表现出很惊讶的样子，说："他对陌生人有戒备心理啊！"阿姨笑着说："的确有戒备心理，我说带着他来找你，他一溜烟跑了；不过，家里的情况可是被说得清清楚楚。这个小家伙，真好玩，不认生。"妈妈当即教育豆豆："豆豆，你今天可是又犯错误了，不过也怪妈妈没有告诉你。现在妈妈就告诉你，防范陌生人不但是要与陌生人保持距离，不送陌生人回家，也包括对陌生人守口如瓶，不说自己和家里人的情况。你今天遇到的阿姨，是妈妈的同事，你要是在大路上随便对人说咱们家住在哪里，然后再告诉别人你陪妈妈出来加班了，家里没人。万一是坏人，岂不是直接去咱们家里行窃了呀！"豆豆这才醒过味来，赶紧问阿姨："阿姨，你没告诉别人我们家没人在家吧！"阿姨笑起来，说："小家伙，你可真是个机灵鬼，马上就把皮球踢给我了！"妈妈和阿姨都哈哈大笑起来。

面对陌生人，男孩一定要管好自己的嘴巴，除了不与陌生人亲近，不给陌生人带路之外，还要避免对陌生人提起自己的私人信息以及家庭情况。所谓说者无意，听者有心，当男孩无心之间把家里的情况和盘托出，就很有可能发生事例中妈妈所设想的情况，导致家里被坏人托底，也让坏人因为摸清楚情况而做坏事有恃无恐。

常言道，言多必失，祸从口出。男孩千万不要觉得自己聪明，就与陌生人畅聊，也许不知道哪句话就会泄露重要的信息，造成不可挽回的损失。当自己独自出门的时候，遇到陌生人，男孩也不要因为陌生人夸赞勇敢就承认自己的确孤身一人，否则就会给坏人可乘之机，对自己造成伤害。总而言之，坏人是处处留心在寻找做坏事的机会，男孩也要处处小心才能防范坏人。

有陌生人敲门，不要轻易开门

一个周末，爸爸妈妈又要加班，原本约定让豆豆和妈妈一起上班，然而，豆豆自从上次在妈妈单位被那个陌生阿姨逗弄后，不愿意再跟着妈妈上班了。为此，他要求自己留在家里看门，还可以在家里写作业和玩电脑呢！爸爸妈妈尽管不放心，但是在为豆豆留下手机，锁好门之后，还是离开了。

第一次在家，豆豆就遇到了突发状况。上午十一点前后，突然有人敲门。豆豆根本没想到家里有人来，因而当即紧张激动地询问："谁啊？"从猫眼里看去，门外站着一个陌生人，而且陌生人自称是免费清洗抽油烟机的。豆豆一听说是免费清洗抽油烟机的，有些激动，当即打电话问妈妈："妈妈，咱家清洗抽油烟机吗？"听到豆豆的描述，妈妈当即告诉豆豆不要继续与陌生人搭话，并且绝对不要给陌生人开门。妈妈告诉豆豆："如果坏人知道家里只有你自己，说不定会做坏事呢！"挂断妈妈的电话，豆豆很担心："万一坏人现在已经知道家里只有小孩子，那该怎么办呢？"豆豆灵机一动，对着门外喊道："你等一会儿，我爸爸买菜回家了，还有三分钟到家。等我爸爸回来了，你和我爸爸说吧！"豆豆的话音刚落，门外就没动静了。很快，豆豆听到下楼的声音，原来那个自称要免费清洗抽油烟机的人走开了。豆豆如释重负，赶紧给妈妈打电话汇报情况，妈妈说："不错，不错，你还挺机智的。如果再遇到有人敲门，不要应答，不要被人知道家里只有你在家。我已经让邻居王奶奶一会儿上楼去查看咱家门口的情况了，你就放心吧！"

坏人做坏事情之前，一定会先踩点。如果屋子里没有应答，坏人摸不清楚情况，也许就无从下手。当男孩自己在家的时候，如果擅自回答坏人的提问，那么就会导致坏人有机可乘，甚至因为知道家里只有孩子而有恃无恐。幸好豆豆很机智，告诉陌生人爸爸还有三四分钟就到家了，这样一来陌生人有所忌惮，自然也就离开了。

在国外，是不允许未成年的孩子单独留在家里的，而在国内，因为很多父母周末也要忙着加班，等到孩子渐渐长大，拥有照顾自己的能力，父母无奈之下只能把孩子留在家里。在这种情况下，除了要告诫孩子不要触碰那些容易发生危险的水电燃气之外，更要教会孩子如何应对陌生人敲门。当孩子独自在家的时候，一定要保证容易引发危险的水电燃气都已经关闭了。尤其需要注意的是，很多父母为了保障孩子安全，会把孩子反锁在家里，其实这是非常危险的。众所周知，意外随时随地都会发生，如果把孩子反锁在家里，一旦家中电线短路发生燃烧，或者邻居家里起火，甚至是发生地震等情况，则导致孩子无法主动打开房门求生，也影响了宝贵的求生时间。因而父母要做的是教会孩子锁门开门，从而让孩子随时都能自由地进出房屋，同时也要告诉孩子非意外或者紧急情况不要擅自离开家，以免遭遇危险。

尤其是当有陌生人敲门的时候，更要让孩子保持警惕。坏人做坏事之前总是会提前了解情况，而且如今各种各样的推销人员也鱼龙混杂。当男孩独自在家，遇到有陌生人敲门时，一定不要应答。如果发现门口有异常的响动，还可以及时给爸爸妈妈打电话，或者拨打110紧急电话求救。如果像事例中的豆豆一样不小心透露了家里的情况，还可以假装父母就要到来，从而震慑居心叵测的陌生人。总而言之，男孩独自在家一定要小心谨慎，不要触碰危险的东西，也要随时防备陌生的不速之客。只有把安全防护工作做得面面俱到，才能保障男孩的安全。

陌生人给的食物，要谨慎对待

一天，豆豆跟着妈妈去超市采购，就在妈妈忙着挑选鸡蛋的工夫，豆豆居然在冷冻冰柜那里吃了起来。看着豆豆高兴地吃着梦龙，而且嘴巴抹得黑乎乎的，完全是一副贪吃的模样，妈妈先让豆豆感谢促销的阿姨，又在离开展位之后当即对豆豆展开安全教育："豆豆，你怎么吃陌生人给的东西呢？"豆豆不以为然："那个阿姨是超市的促销员啊！"妈妈忍不住说："你可真是嘴馋。那个阿姨只不过穿着超市里的促销衣服，出现在超市里，你就认定她是促销员了吗？你知不知道坏人是千变万化的。"豆豆有些不高兴："但是，那个阿姨真的是超市里的促销员啊！"

妈妈不想和豆豆较真，说："的确，那个阿姨是超市里的促销员，我们现在的目的也不是讨论那个阿姨的真假。妈妈是想告诉你，不要被自己的眼睛欺骗，更不要为了贪吃，而被陌生人蒙骗。你想，万一那个阿姨是坏人假扮的，穿着超市的衣服等在超市里，专门以好吃的赠品欺骗你这样的孩子，你怎么办呢？也许等到妈妈看见你不在身边的时候，你早就让坏人得逞了。"豆豆觉得妈妈说的似乎也有道理，说："那她真的在超市里，我怎么知道真假呢？"妈妈语重心长地告诉豆豆：

"安全问题无小事，在不能辨别真假的情况下，你就不要随便吃陌生人给的东西，尤其是当爸爸妈妈不在场的情况下，这样不就万无一失了么？你平日里就吃得很好，什么东西是你没吃过的？所以不要一见到不花钱的美味零食就怦然心动，完全把安全问题抛到脑后去了。"豆豆认为妈妈的方案是可行的，因而连连点头。

很多孩子都无法抵抗美味零食的诱惑，尤其是对于糖果、巧克力、冰激凌等，孩子更是趋之若鹜。有些坏人正是利用孩子爱吃零食或者喜欢玩玩具的特点，想方设法诱惑孩子离开父母的视线，从而对孩子做坏事。豆豆妈妈说得很对，坏人的脑门上没写字，有的时候眼睛看到的也未必是真的。难道一看见穿警服的人，就能认定对方是警察吗；或者在超市里遇到推销商品的人，就一定是促销员吗？坏人实在太坏了，想尽各种办法伪装自己，让自己看起来是值得信任的。男孩虽然已经长大了，但是对于识别坏人还是缺乏经验的。尤其是对于复杂的人心，男孩更是很容易陷入误区。为了避免"祸从口入"，男孩一定要管好自己的嘴巴，不要因为贪图美食，就被坏人诱惑。

在日常教育中，父母更是要帮助男孩养成好习惯，即不吃不喝来路不明的东西。即使在和爸爸妈妈一起出门的时候，对于亲朋好友馈赠的美食，也要经过爸爸妈妈的同意，才能接受。如果爸爸妈妈不让接受，则要控制自己对于美食的欲望，不要随便接受。所谓民以食为天，男孩正处于长身体的时候，对于美食有着更多的渴望，这也是情有可原的。最关键的在于，要清楚君子爱财取之有道，男孩爱吃也应该取之有道。

从另一个角度而言，男孩还应该学会控制自己的食欲，降低自己对于美食不可控制的欲望。如今，随着生活条件越来越好，很多男孩都因为营养过剩变得肥胖，这就要求男孩更要控制食欲，不要见到什么东西都想吃。只有合理控制，食欲才能不断降低，男孩也才能避免自己陷入食欲的旋涡之中无法自拔。

互联网世界中，青春期男孩要管住自己，防止迷失

随着网络的普及，越来越多的男孩更加密切地接触网络，甚至沉浸在网络的世界里无法自拔。不得不说，网络在给人们的生活带来极大便利的同时，也给人们的生活带来了很多的负面影响，尤其是缺乏自制力的男孩，更容易迷失在虚幻的网络世界里。只有拥有自制力，才能真正发挥网络的正面作用，而避免网络对生活的负面影响。

校园网贷的陷阱，青春期男孩知多少

经历了高三一整年简直能让人掉层皮的魔鬼复习，经历了黑色的六月，朱朱终于迎来了大学录取通知书。一直以来，朱朱都很勤奋，因为他知道家里穷，只能靠着刻苦学习来改变命运，通过考上大学实现鲤鱼跳龙门。进入大学之后，朱朱突然有一种失重的感觉，从此前的投身于复习，到大学生活的安逸悠闲，从农村来到了繁华的都市，不由得大开眼界，他也渐渐学会了享受和攀比。

眼看着除了自己以外全班同学都有手机，而且很多人的手机还都是名牌的苹果手机，朱朱感到自卑，想方设法想买一款苹果手机。然而，朱朱一个学期的生活费才两千块钱，就算不吃不喝也买不起苹果手机，而且他每个月四百元的生活费用原本也只能非常节省地花，才能保证温饱。为此，朱朱动起了歪心思。一个偶然的机会，朱朱看到校园里正在宣传网上贷款，不但不需要任何抵押和担保，而且利息也不高，还能延迟还款呢！朱朱怦然心动，几乎毫不犹豫就拿着身份证办理了贷款。贷款下来的那一天，他兴冲冲地就去专卖店购买了苹果手机。然而，等到朱朱想找兼职挣钱，以还清贷款时，才发现找兼职并非那么容易的事情，有一次朱朱还被人骗去了一百多元钱呢。朱朱未免心灰意冷，想趁着春节回家的时候再向父母多要些钱还贷款。

果然，一听到朱朱欠了贷款，原本已经费了很大劲才为朱朱借来学费的爸爸，当即又去挨家挨户借钱给朱朱还贷款。把几千元钱交给朱朱的时候，父亲再三叮嘱："好孩子，听话，可不敢再借贷款了，凑够学费就已经很难了。而且，你买个这么贵的手机也不当吃，不当喝的，买个几百块钱的用用就行了。"朱朱拿着父亲给的钱去还贷款，这才发现在短短的半个多学期里，贷款早就已经涨了很多利息，而他的钱只够还利息，根本无法结清本金。朱朱懊悔不已，想把苹果手机卖出去还债，但是电子产品贬值很快，根本卖不了多少钱。朱朱再也不敢和爸爸要钱,只好四处打工,为此导致学习成绩一落千丈。然而,借的钱就像滚雪球一样越滚越大,一年之后已经变成了一万多。得知朱朱在外面欠下巨额贷款,爸爸情急之下病倒了,要债的人去了朱朱家里,还把来回的路费也算到朱朱的头上。很快,欠款超过两万元,朱朱后悔极了。全家人都被讨债的人搅和得不得安宁,最终,爸爸只得卖掉家里的房子,才能还清贷款。看着家里人无处容身,朱朱恨不得揍自己一顿。

近几年来,因为陷入校园网贷的大坑,导致有些学生学习不能继续、家庭生活也被扰乱,甚至还导致父母受到牵连和伤害的事件,时有发生。那么,到底什么是校园网贷?为何大学生很容易陷入校园网贷的大坑呢?一般情况下,校园网贷分为三种,一种用于大学生购物,一种用于大学生交学费和创业,还有一种是电商专门针对大学生推出的信用贷款。如今,大学校园再也不是单纯的象牙塔,大学生在进入大学之后,开销会马上增大,尤其是那些爱慕虚荣也喜欢攀比的大学生,更是会在物质方面极大膨胀。因此一些不法分子就钻了空子,打着校园网贷的噱头,针对大学生放高利贷,欺骗大学生签订借款协议,由此陷入利滚利的噩梦之中。要想避免校园网贷的骗局,大学生一定要以学习为重,不要总想着与他人攀比,更不要处处爱慕虚荣。唯有把更多的心思用于学习,减少不必要的开支,大学生才不会被物质欲望驱使,做出失去理智的借贷举动。此外,如果大学生真的需要资金支持,那么一定要擦亮眼睛，选择正规途径和渠道，而不要陷入骗子的陷阱。曾经有大学生在借下几千元钱后，因为没有及时还款，导致欠债金额高达几万元，不但逼死了母亲，还导致骗子肆无忌惮去母亲的葬礼上捣乱和胡闹，不得不说，这是一出悲剧，也是不能再发生的惨剧。

大学生正处于学习的青春年华，一定要明确自己的目标，而不要被物质生活扰乱心智，做出错误的选择。追求更高品质的生活固然没有错，但是大学时期不是享受的时候，大学生一定要牢记初心，在大学时期把学习搞好，掌握真才实学。

网友聊天，多留一份心

子轩是个沉默寡言的男孩，性格内向，心思细腻，也因为害羞，与身边的同学没有太多的交集。然而，自从班级里开始有QQ群，子轩就喜欢上了网络聊天，躲在屏幕后面使他觉得很安全，他不但在班级群里很活跃，而且还喜欢与陌生人网络聊天。自从开始了网络聊天，子轩压抑的沟通欲望似乎得到了释放，每天一有时间就会和网友聊天，因此有好几次连作业都没有完成。得知子轩因为网络聊天影响了学习，妈妈开始控制子轩的这种行为，并且规定子轩每个周末只能有半天的时间上网，还命令子轩卸载了手机上的网络聊天工具。

压制并没有让子轩有所收敛，反而使他更加迷恋聊天。他把聊天工具在手机上藏匿起来，当妈妈不在身边的时候，就争分夺秒地与网友聊天。一个偶然的机会，子轩认识了一个叫若雨的女孩。女孩告诉子轩，自己也是一名学生，也经常被妈妈批评，被妈妈禁止聊天。共同的话题让子轩和若雨很快熟悉起来，经过一段时间的相处之后，若雨还提出周末见面的请求。子轩原本想拒绝，但是若雨却嗔怪道："你还是个男生呢，怎么这么胆小，可不要被我这个女生瞧不起啊！"子轩男子汉的气概被激发起来，他不甘示弱，当即表示："见面就见面，谁怕谁啊！"就这样，子轩雄赳赳气昂昂地瞒着爸爸妈妈奔赴与若雨见面的地点，但是子轩左等右等，也不见若雨到来。在子轩等得不耐烦时，终于有个中年男性出现了。子轩还没来得及和中年男子说话，跟随而至的警察就把中年男子抓捕了。子轩不明就里，警察问子轩："你是在等若雨吗？"子轩很惊讶地反问："你们怎么知道？"警察说："别等了，他就是若雨，而且这个若雨已经欺骗了好几个男孩。你就庆幸吧，没有被他拐卖到大山里！"子轩得知事情的始末，不由得惊出一身冷汗。虽然他再三恳求警察不要通知他的爸爸妈妈，但是警察还是打电话让他爸爸妈妈赶到派出所，并且叮嘱爸爸妈妈一定要对子轩进行安全教育。

爸爸妈妈得知子轩差点儿落入人贩子的手中，全都惊恐万分。他们回到家里连饭都不吃了，全都围着子轩进行网络安全教育，再也不敢对子轩放任自流了。

如果不是警察及时赶到，对假冒的若雨进行抓捕，等待着子轩的还不知道是什么命运呢。一旦落入人贩子的手中，子轩就很难脱身，也无法再回到爸爸妈妈的身边，后果简直不堪设想。青春期男孩正处于身心快速发展的阶段，难免自我感觉良好，迫不及待想要脱离爸爸妈妈的管束，从而实现独立自主。殊不知，外面的世界远远没有男孩想象的那么美好和单纯，匮乏的人生经验也不足以支撑男孩识别很多坏人的真面目。尤其是在虚拟的网络世界中，每个人都躲藏在冷冰冰的屏幕背后，呈现出千篇一律的虚伪和矫饰，更容易导致男孩被别有用心的坏人欺骗。

　　要想杜绝被网络上的坏人欺骗的事件发生，男孩就要谨慎地与网络上的陌生人聊天。其实，男孩身边就有很多值得交往的朋友，诸如同学、发小等，又为何要与网络上的陌生人聊天呢？如果真的遇到值得交往的陌生网友，也不要被对方的甜言蜜语欺骗，一定要坚决拒绝对方提出的见面请求，在与对方交谈过程中，一定不要说起个人的信息和家庭情况。否则，坏人在暗处，并且对男孩的情况了如指掌，而男孩在明处，对坏人毫无戒备之心，就会处于很危险的境地。可以说，坏人是防不胜防的，男孩一定要对安全问题警钟长鸣。

　　看到这里，也许有男孩会问：如果有非要见面不可的理由呢？如果必须与陌生网友见面，那么就要征求父母的同意，并且在父母的陪同下奔赴约会。此外还要想到一点，那就是有的坏人并不是一个个体，而是犯罪团伙，有不止一个人，那么即使在父母的陪同下，也要把见面地点约在人多的公开场合，以利于呼救和脱身。总而言之，网络上的所谓朋友是靠不住的，与其让自己陷入被动之中，不如保护好自己，让自己占据主动。尤其是对于自称是异性的同龄人，男孩更要保持警惕，路遥知马力，日久见人心，男孩当然不能轻而易举就相信网络陌生人的自我介绍和三言两语。

青春期男孩不要掉入各种网络陷阱

自从险些被若雨骗到大山里之后，子轩收敛了很多，不敢再在网络上与人交朋友了。此外，他也严格遵守妈妈规定的每个周末半天的上网时间，改聊天为QQ游戏。为了避免子轩再被陌生网友欺骗，爸爸妈妈还提醒子轩玩网络游戏的时候不要与玩家交流太多，以免再次因为疏忽大意受到伤害。子轩再也不敢把爸爸妈妈的提醒当成耳边风，总是坚持不与陌生人交往的原则，因而表现良好，也让爸爸妈妈渐渐放心下来。

一天，子轩正在玩游戏，突然看到电脑屏幕的右下角跳出一个窗口不停地闪烁，子轩认真去看，发现原来是腾讯公司的系统消息。看完这则消息，子轩兴奋不已，原来消息上说因为子轩是腾讯游戏的忠实玩家，所以有资格参与抽奖，并且中了二等奖，是一台高档游戏机，还有六千元现金。但是领奖需要在网络上填写相关资料。怎么也想不到这样天上掉馅饼的好事居然会轮到自己，为此，他赶紧哆嗦着手点开链接去填写资料。

填写资料到半途，子轩已经把自己的身份信息和家庭住址、联系电话等都填完了，这才发现需要交纳五百元税费和手续费，以及邮寄奖品的费用。子轩的压岁钱一直是妈妈代为保管的,为此他当即打电话给妈妈,让妈妈给他五百元钱。妈妈很惊讶,不知道子轩要这么多钱做什么。经过一番询问,妈妈当即断定子轩又上当了,子轩不停地辩解:"妈妈,这是腾讯公司的系统消息,不可能是骗子的,难道腾讯公司是骗子吗?"妈妈哭笑不得,向子轩解释:"腾讯公司当然不是骗子,但是骗子却可以伪装成腾讯公司。如果你不相信我说的,你现在就去百度'腾讯中奖',你就知道有多少人和你一样上当受骗了,只不过他们之中有很多人没有你这么幸运——有明智的老妈给你把关,真正被骗去钱的人也不在少数呢!"挂断电话,子轩当即去百度搜索妈妈所说的关键词,果不其然,有很多人都在网络上揭露这个所谓的"腾讯公司系统消息"的骗局，子轩惊出一身冷汗，也很懊悔自己泄露了家庭信息。

网络上的骗局层出不穷，可以说只有你想不到的，没有骗子做不到的。尤其是躲在屏幕背后，一切都变成虚拟，导致骗子行骗更加方便。在网络上聊天，男孩与陌生人交谈时要谨慎，更要坚决拒绝与陌生人见面的请求；在网络上玩游戏，男孩还要警惕随时随处冒出来的各种优惠信息、中奖消息，因为网络背后总是隐藏着惊天的骗局，只有小心防范，才能避免造成不可挽回的损失。

很多人都会遭遇网络骗局，别说是缺乏社会经验的男孩了，就算是成年人，也往往败在骗子的高明骗术之下。其实，骗子之所以屡屡得逞，并且以相似的骗术屡试不爽，就是因为人们太过于贪财，总想着不劳而获，再加上大多数能在网络上行骗的骗子都不是普通人，至少懂得一些互联网知识，计算机水平比普通用户更好，其中不乏精通计算机的高精尖人才，所以导致网络骗术更容易得逞。在这种情况下，男孩因为缺乏人生经验和社会阅历，导致甄别骗术的能力很差，因而更容易被骗。为了远离网络骗局，避免陷入网络背后的惊天阴谋，男孩一定要学习基本的网络常识，要始终保持警惕和防范心理。不管是对于陌生人打听私人信息，还是突然中奖，抑或是长久不联系的同学、朋友提出借钱的请求，都要第一时间提高警惕。如果对方是自称相熟的人，千万不要轻信屏幕上冷冰冰的文字，而要打电话向当事人核实情况,这样是不是骗局马上就能够揭晓。

当拥有自己的身份证号和银行卡号之后,男孩还要留心,不要在网络上随随便便填写个人信息。如今,很多骗术高明的人能够利用身份证号和银行卡号信息造出假冒的银行卡,或者利用网络黑客转移卡中的财产,不得不说这是非常可怕的。诸如家庭地址等信息,也不要填写在网络上,否则很有可能被别有用心的骗子作为验证身份之用。当然,要想杜绝被骗,最重要的就在于不要贪图便宜。记住,这个世界上既没有天上掉馅饼的好事情,也没有不劳而获的美事情,男孩只要牢记这条原则,绝不带着占便宜的思想去贪便宜,那么骗子也就无计可施了。

微信新骗局，男孩要谨防上当

自从独立上学和放学之后，妈妈就给子轩配备了手机。为了方便和爸爸妈妈、同学朋友联系，子轩还下载了微信。不过，前提是在学校里决不能把手机拿出口袋，更不能以任何借口看手机、玩手机。有了手机之后，为了怕好不容易争取来的手机被妈妈没收，子轩始终遵循着约法三章，从未在学校里玩过手机，即使在上学和放学的路上，为了保证行走安全，他也从未边走路边看手机。对于子轩的表现，妈妈很满意。

为了方便子轩偶尔买早餐或者学习用品，妈妈还给子轩的微信钱包里转了一百元的红包。有一天，子轩正在家里写作业，突然接到一个同学的微信消息。消息里同学说：自己正在书店买书呢，却发现忘记带钱了，希望子轩能借给他五十元钱。子轩当即给同学转了五十元的红包，然而，才隔了半个小时，同学的群发短消息就来了："各位同学和朋友，我的微信不小心被盗用，如果有人向你们借钱，千万不要相信，更不要转账，不管他是借几块钱还是借几十块钱，那都不是我。"收到这条短消息，子轩当即给同学打电话，这才知道同学的手机不小心遗失在理发店，等到找回的时候，就接到好几个同学的电话，问他为何要借钱。这样，他才知道自己的微信被盗用了,因而当即紧急在群里发短消息,提醒不知情的同学和朋友不要上当。子轩简直欲哭无泪,说:"我的早饭钱啊,你怎么不看好手机呢!"同学也很无奈:"子轩啊,你怎么不打电话问问我啊!哎,我只能请你吃早饭了。"

晚上爸爸妈妈下班回家,子轩把事情的经过讲给爸爸妈妈听,妈妈说:"子轩,你真的要提高警惕了。你现在虽然能很好地防范知道的骗局,但是对于不知道的骗局,你可是一点防范能力也没有。为了快速提升安全意识,你还可以看一些关于网络骗局的报道,这样虽然没有亲身经历,也算是开阔眼界,对于你小心防范是有好处的。"说完,妈妈还给子轩和爸爸讲道:"现在的骗子真是无所不用其极,一点点空间都能钻进去行骗。我们办公室里的小刘,前几天正上着班呢,突然收到自称是学校老师的短信,说他家孩子路上被车撞了,现在正在医院抢救,马上就需要三万元押金。一看到这个短信,小刘立马就急疯了,当即就要转账;我们阻止她,她哭着说孩子在抢救,一秒钟都不能耽误。我们好不容易才劝阻了她,让她先打电话去学校问。结果班主任老师说孩子正安安稳稳坐在教室里上课呢,她刚刚挂断电话,她老公的电话就打过来了,也说孩子被车撞了。"爸爸听完说:"这肯定是孩子在学校里的信息被泄露了,所以才会被坏人钻了空子。总有的家长太着急,来不及核实情况,尤其是一想到孩子危在旦夕,立马先转钱救孩子。"子轩气愤地说:"这些骗子简直太可恶了,怎么能这么骗家长呢？"妈妈语重心长地对子轩说："所以说，现在的骗子无所不用其极，咱们每个人都要小心防范，才能避免上当受骗。你虽然被骗走五十元钱，但是长了个教训，多了个经验，也算值了。幸亏我只给你转账一百，不然损失就更大了。"

如今的骗子太能钻营了，不仅有电话诈骗、网络诈骗、QQ诈骗等，微信也冒出来新骗局，而且花样层出不穷。既然骗子已经把触角伸向了每一个角落，作为男孩，也应该把防止上当受骗的盔甲武装到牙齿。作为父母，除了系统地培养男孩的安全意识，教会男孩自我保护的技巧之外，也要与时俱进，把看到的最新诈骗新闻讲给男孩听，还可以一家人讨论防骗招数，从而把防骗工作做到极致。

在信息时代，发达的通信给每个人的生活带来了便利，也给骗子行骗带来了便利，更因为信息的即时到达，使得骗子利用人们的急迫心理打起了时间差，故意不给人时间去求证，如此一来，骗子更容易得逞。男孩应当保持与时俱进，才能成功揭穿骗术，保护自己的人身安全和合法利益。

玩网络游戏，青春期男孩不要沉迷

自从远离聊天，玩起了网络游戏，一开始子轩还能合理控制时间，只在妈妈规定的时间里玩游戏，但是随着越来越沉迷于网络游戏，子轩简直吃饭睡觉都想着玩游戏，根本没有心思学习和写作业了。妈妈不让他玩，他就偷偷拿着零花钱或者把吃早饭的钱省下来，去学校外面的网吧里玩。眼看着子轩不思进取，学习成绩一落千丈，妈妈不由得心急如焚。

暑假来了，子轩如释重负：终于可以不用学习，而能专心致志地玩游戏了。因为爸爸妈妈每天都上班，安排子轩在家里写作业、看书、看电视，每天玩一个小时的网络游戏，所以子轩一旦等到爸爸妈妈离开家，就只顾着玩游戏，连妈妈为他留好的午饭都顾不得吃。等到妈妈下班回来看着锅里冰冷的饭，问子轩为何没吃饭，子轩总是说："我不饿，不想吃。我这么胖，该需要减肥了。"妈妈觉得子轩的确有些太胖了，所以对子轩不吃午饭压根没放在心上。转眼之间，一个多月过去，还有十天就开学了。妈妈以为子轩的暑假作业都写完了，所以还特意安排子轩去上海迪士尼玩。子轩高兴极了，从迪士尼回来特意向妈妈申请："妈妈，还有几天就开学了，这几天就允许我随便玩游戏吧！"妈妈想想也是，因而提醒子轩："游戏可以玩，但是要休息眼睛，小心近视了，每玩半个小时要至少休息十五分钟，如果连续玩一个小时，就要休息一个小时以上。"子轩对妈妈的一切要求都答应下来，就这样，子轩光明正大玩到开学报到前一天晚上。

次日，子轩去学校报到还没回家，妈妈就接到了老师的电话："子轩妈妈，你家是有老人生病需要子轩陪床吗？"妈妈很惊诧："没有啊，我家老人都在老家，身体好着呢！而且就算真的生病，也不能让子轩陪床啊！"老师听完之后冷笑两声说："既然如此，那你就问问子轩为何暑假作业一个字都没写吧！这个孩子以前不是这样啊，这次不知道怎么了。我觉得如果忘记一项是可以谅解,可是这样一个字都没写是不能原谅的。你还是赶紧问问子轩吧!"听了老师的话,妈妈简直如同遭遇晴天霹雳。正如老师所说,子轩一直都是个听话的孩子,这是怎么了呢?妈妈忍不住火冒三丈,当即就从单位请假赶回家里,子轩刚刚进门,妈妈就歇斯底里地发作了。原来,子轩一个暑假都在玩游戏,根本无心写作业,而且他满脑子都是游戏,根本无法控制自己。妈妈这才发现原来子轩对于游戏已经如此痴迷了,忍不住落泪:"你这个孩子以前不是这样的,现在怎么会这样呢!"为了帮助子轩戒除网瘾,妈妈想出了各种各样的办法,却都收效甚微。最终,妈妈不得不求助于心理医生,并且向心理医生咨询能否把子轩送到戒除网瘾的学校里。

心理医生说:"作为父母,你们都要放弃孩子了,您觉得戒除网瘾的学校是万能的吗?我倒是建议您千万不要放弃孩子,实际上孩子有网瘾是心理异常的表现,你们要用爱温暖孩子,融化孩子,否则孩子就会越来越冷漠,就像成人吸毒一样最终失去理智,甚至做出过激的举动。"心理医生的话让妈妈对于网瘾的认知上升到更高的层次,原本她只以为网络成瘾是因为缺乏自控力,现在看来子轩之所以变成如今的样子,与他们对于子轩的疏于管教和关心不够是密不可分的。妈妈决定无论如何都不放弃子轩,要陪伴子轩度过这段最艰难的时期。

　　如今的孩子压力很大,尤其是在步入青春期之后,他们不但面对着身心快速发展与荷尔蒙大量分泌给自己带来的困惑和不适，而且还要兼顾艰巨的学习任务，所承受的巨大压力和辛苦是可想而知的。随着年纪的增长，青春期男孩还会越来越疏离父母，觉得自己不能再像小时候一样有任何问题都要向父母倾诉了，为此他们也变得更加孤独苦闷。在这个特殊的阶段，男孩很容易依赖网络，尤其是很容易玩网络游戏上瘾，以此消除内心的压力，排遣郁闷的情绪；殊不知，一味地逃避根本不能解决问题。而面对问题百出的男孩，父母更应该采取正确的态度积极面对，这样才能给予男孩适度的关爱和照顾，温暖男孩的心灵。

很多细心的人会发现，沉迷于网络游戏的男孩与外界的沟通和互动很少，而且因为网络游戏中往往充斥着暴力和血腥，所以男孩还会潜移默化受到影响，也使自己变得冷漠。一切负面的影响都会让男孩陷入恶性循环之中，当发现男孩有沉迷网络游戏的端倪时，父母一定要及时帮助男孩，例如，可以开展丰富多彩的家庭集体活动，鼓励男孩更多地与同龄人交往，或者循序渐进减少男孩的上网时间，以激励的方式让孩子渐渐形成自控力，更善于约束自己。这样一来，男孩就能避免因为被禁止而更加疯狂地玩网络游戏，这样主动会让男孩更有自律力，所以父母在引导男孩时一定不要居高临下伤害男孩的自尊，而要给予男孩更多的自主空间发挥主动性，这样反而能起到更好的效果。不管是自制力还是自律力，都并非朝夕之间形成的。父母还要有耐心，等待男孩心智渐渐成熟，而不要在不适宜的时机盲目禁止和限制男孩，否则只会事与愿违。当男孩从父母那里感受到温暖和正面积极的力量，从现实生活中捕捉到更多幸福和快乐的瞬间时，他们就能逐渐主动摆脱冷冰冰的网络，也能够真正成为自身的主宰。

网络黄毒，男孩要坚决抵制

在爸爸妈妈的爱与关心下，子轩终于战胜了网络游戏的瘾，渐渐地步入生活的正轨。爸爸妈妈就像打了一场硬仗一样，感到身心俱疲。妈妈更是感慨地对爸爸说："养育健康快乐的孩子真难啊，我简直累得都要虚脱了，尤其是精神紧张，让我简直疲惫不堪。"爸爸也深有感触，非常认同妈妈的感受，便安慰妈妈："最近应该不会再有什么意外了，先放松一下，养精蓄锐，等着再战吧！"妈妈不由得笑起来，说："你这么一说，我倒真觉得是在打仗了。"

一个周末，子轩陪着爸爸妈妈一起看电视。在一档新闻节目中，说起一个十六岁初三学生，因为经常浏览黄色网站，居然深陷网络黄毒无法自拔，最终一时冲动，强奸了邻居家年幼的女孩，因此被判刑。看到这个新闻，子轩很困惑，问爸爸："爸爸，什么是网络黄毒？"坐在一旁的妈妈马上挺直腰杆，面色凝重，明显变得紧张起来，有些不知所措地看着爸爸。爸爸似乎看透了妈妈的担心，安抚妈妈说："该来的总会来，孩子不可能在真空中长大，这次就让我们主动出击，给孩子戴好防毒面具吧！"说着，爸爸就对子轩展开了网络黄毒的知识普及，子轩也从对网络黄毒一无所知，到了解了网络黄毒，并且深知网络黄毒的危害。

爸爸语重心长地对子轩说:"子轩,你已经进入青春期,所以不但长出了胡须,体毛也变得浓重。接下来,你还会发现自己的身体呈现出很多变化,不过你不要惊慌,这些变化都是身体发育的正常现象。当这些变化全都完成,你也就变成了真正的男人。等到你考上好的高中,再顺利升入大学,毕业参加工作了,如果遇到心仪的女孩,就可以享受美妙的爱情。但是现阶段你最重要的任务是认真学习,否则一旦分心,误入歧途,影响了学习,整个人生都会改变。就像刚才新闻里的男孩,如果不在网络上看各种黄色网站,而是能够专心学习,那么几年之后就可以尽情享受爱情,还拥有美好的未来,对不对?"子轩若有所思地点点头说:"爸爸,那么如何避免网络黄毒呢?"爸爸说:"你放心,咱们家的电脑上我已经安装了最高级别的防火墙,那些有黄毒的网站都被过滤掉了。不过,网络黄毒还是防不胜防的,如果你在玩游戏或者浏览网页的时候看到不好的内容,避免点开网站即可。如果你因为好奇心点开网站,电脑就会中毒,你的心灵也会中毒。还记得咱们全家人经历了多少辛苦才帮助你戒掉网瘾吗?网络黄毒比网瘾更严重,更厉害,因为网络黄毒还会驱使人做出违法乱纪的行为,甚至导致人生都被毁掉呢!"对游戏瘾依然心有余悸的子轩当即表态:"爸爸,放心吧,请你和妈妈信任我,我不会从一个火坑里出来再跳入另外一个火坑的,我一定要好好学习,考上好大学！"爸爸高兴地点点头，对妈妈说："咱们儿子好样的！"

很多父母都会犯讳疾忌医的错误，因为担心孩子过早地接触性知识导致不良行为发生，所以就避免向孩子讲述性知识，也不愿意对孩子开展性教育。难道孩子成长的规律会因父母的故意逃避而发生变化吗？明智的父母知道，与其等到孩子自己误打误撞在性教育的道路上误入歧途，不如预先对孩子开展性教育，从而避免孩子走上弯路。对于网络黄毒，也是同样的道理。为了避免孩子接触网络上的不良信息，父母会偷偷在电脑上安装防火墙和过滤软件，殊不知，网络黄毒就和网络骗局一样无处不在，与其等到孩子真的出问题了再被动应对，不如趁着孩子还在正确的轨道上，就对孩子进行引导，这样反而能够占据主动，也会使对孩子的教育起到更好的效果。

青春期的孩子不但与网络密切接触，身边相处的人也会越来越多，越来越复杂；尤其是在与同学和朋友相处时，他们也会有自己的人际圈子。与其让孩子从同龄人那里得到不好的引导和负面的影响，父母不如主动出击，向孩子普及性知识，引导孩子正确面对随着青春期的到来而出现的身体变化和性欲萌动。尤其是要告诫孩子网络黄毒的危害，从而帮助孩子主动避开网络黄毒，健康成长。记住，孩子的成长规律和进程，是不以任何人的想法和意志为转移的，父母不明智的逃避就像纸里包不住火一样，只会耽误孩子的健康成长，也会导致孩子的人生面临更多困境。凡事与其等到亡羊补牢,不如未雨绸缪,防患于未然,这样不但占据主动,也能更好地起到避免恶劣后果的作用,可谓一举两得。

离家归校，青春期男孩如何保障人身安全

通常人们以为，男孩总是比女孩更贪玩。因而在到达一定年纪开始独立上学和放学之后，男孩一定要养成按时回家的好习惯，这样才能有效避免上学和放学路上的危险。有些危险来自陌生人或者意外，有些危险则是因为男孩贪玩，与他人玩得不亦乐乎了。总而言之，安全问题一定要警钟长鸣，父母也不要因为觉得男孩终于可以独立上学与放学，就对男孩的安全问题彻底放心和放手了。

上学和放学路上，男孩要多加小心

自从三年级过了十周岁生日开始，小北就吵闹着自己上学和放学，不想再让爷爷送了。但是妈妈坚决不同意，理由是从家里到学校尽管只有十几分钟的路程，但是要经过好几个路口，而且还都是十字路口，又因为路上人很多，所以妈妈无论如何也不放心让小北独立上学和放学。就这样，又过去一年，转眼之间，小北已经是五年级的小学生了。班级里有很多孩子都独立上学和放学，还有几个同学家住得比较远，也是自己搭乘公交车。这次，小北郑重其事地告诉妈妈："妈妈，我必须自己上学和放学，否则我就要罢学。"妈妈当然不是因为受到威胁才答应小北的请求，而是觉得小北的确长大了，也该尝试着走出爸爸妈妈、爷爷奶奶的保护圈，独自面对生活。因此妈妈答应了小北的请求，不过妈妈让小北首先必须打起十二分的精神来，学习如何过马路，走人行道。尽管小北说自己已经学会过马路了，妈妈还是不放心，依然陪着小北独立上学放学一个星期，这才放心地放手。

很多老司机都知道，一个人即使驾驶技术再高，也不能保证安全无事故，这是因为马路上情况复杂，老司机可以保证自己遵守交通规则，却无法保证其他司机也能完全遵守交通规则。所以很多交通事故未必是双方的错误，而是由事故一方不懂交通规则，肆意横行导致的。这不，小北这天放学后在经过十字路口时，明明是看到绿灯才快速通过的，却没想到半路杀出一辆电动车，撞倒了他。小北当即觉得小腿很疼，因而坐在地上直叫唤。电动车也摔倒了，看到撞倒了孩子，赶紧拨打110和120，又通知了小北的妈妈。听说小北被电动车撞了，妈妈当即放下工作火速赶往现场，比警车和救护车都更快到达。看到小北不能站立，妈妈意识到有可能是骨头出了问题，非常担心。被120救护车送到医院检查，果不其然，小腿骨裂了。还好不严重，妈妈当即长呼一口气。后来，妈妈和小北分析事故原因，尽管小北完全遵守交通规则，没有任何错误，但是妈妈郑重其事地告诉小北："你只负责自己走好路是没有用的，因为道路是公用的，总有人抱着侥幸心理闯红灯，所以即使看到是绿灯，在快速通过之前也要观察周围的环境，而不要闷头朝前冲。否则，不管是谁的责任，一旦受伤，受罪的还是你自己。"小北觉得妈妈的话很有道理，又联想到爸爸开车总是小心谨慎，因而恍然大悟："难怪爸爸开车的时候总是左看看右看看呢，原来是为了防范别人啊！"爸爸听着小北夸张的语气不由得笑起来说："你以为呢，难道我是左顾右盼看美女吗？"有了这次教训，小北再过马路的时候就更有经验了，也再没有出过任何事故。

独自上学和放学的路上，发生的交通事故和意外伤害的概率，比遇到坏人的概率更大。尤其是在大城市，道路上非常繁忙，车辆很多，而每个人又因为生活的紧张忙碌而行色匆匆，完全失去了慢节奏。青春期男孩尽管看起来人高马大，实际上心智还不够成熟，想问题也不够全面，所以很容易因为疏忽或者冲动而导致意外发生。因而，青春期男孩一定要认识自身不足，要把很多糟糕的事情想在前面，这样才能提前做好准备，防患于未然。

不仅仅是过马路，有些男孩还会因为火暴脾气，在路上与人发生矛盾和纠纷时，导致事态恶化。如果青春期男孩脾气很火暴，而且会忍不住爆粗口，那么一定要提醒自己逞口舌之强非但不能解决问题，还会导致事态恶化，从而努力控制自身的情绪，成为情绪的主宰，也避免因为激动和冲动而给自己招来麻烦。

总而言之，男孩习惯了在家庭和学校中生活，很容易因为生活过于顺遂，而不能理智处理好道路上发生的突发情况和意外状况。唯有随时随处提醒自己保持情绪平静，并且不要因为着急变得慌乱，才能处理好道路上的情况，避免自己深陷危险之中无法脱身。

走路要避开下水井盖

有一天放学比较早，小北与几个顺路的同学结伴朝着家里走去，当经过一段人比较少的道路时，有个同学突发奇想，提议大家比赛踩井盖，看看谁能踩到更多井盖。这个提议很新鲜，马上得到了大家的一致拥护和响应。随着一声令下，小北和同学们全都争先恐后去踩井盖。正当大家玩得不亦乐乎时，忽然听到一声惨叫。李琦不知道为何掉到深井里了。

小北和同学们赶紧过去查看情况，只听到李琦在深井里不停地哀号，撕心裂肺地哭着。同学们都慌了，小北想起自己上次被电动车撞倒之后，撞他的人打了110和120，因而也灵机一动，给110和120都打了电话。因为不知道李琦父母的电话，李琦又哭得说不出话来，小北只好先给妈妈打了电话。妈妈一听说李琦掉入深井，赶紧联系老师。老师第一时间赶赴现场，又通知了李琦的父母。李琦父母上班的地方都比较远，当他们赶到的时候，李琦已经被从深井中救出来，火速送往医院了。经过医生的一番检查，发现李琦胳膊骨折，而且头上也撕裂了一个大口子，需要缝合七八针。老师特意把李琦的样子拍下来，次日带到教室里给前一天比赛踩井盖的同学以及其他同学看。老师告诫同学们："孩子们，上学和放学的路上都有可能发生

危险，要想避免危险发生，除了要有交通意识和安全意识之外，还不能做出狂妄的举动。道路上原本就有车经过，应该在道路一侧贴着边行走，但是这几个同学却突发奇想踩井盖；殊不知，井盖下面是空的，而且井盖是否牢固，仅仅根据肉眼的观察根本看不出来。李琦就是因为踩踏了一个松动的井盖才坠落井底，导致严重受伤的，耽误学习不说，最重要的是人也受罪了，头上缝合了七八针，眼睛肿得都睁不开了，还要打破伤风的针预防感染。此外，胳膊也骨折了，没有三个月根本不能初步恢复，要想完全复原，至少要半年到一年的时间，简直损失惨重。希望你们都从这件事情中吸取教训，不管在哪里，都要避着井盖行走。如果道路上有报纸或者纸板等东西覆盖，也最好绕道而行，因为你不知道覆盖物下面是什么状况，明白了吗？"同学们看到照片上李琦狼狈的样子都很惊讶，因而全都认真地把老师的话听到耳朵里，记在心里。

老师说得很对，对于覆盖物下面的情况，因为根本无从了解，所以盲目地踩踏在覆盖物上面，可能就意味着危险。尤其是在上学与放学的路上，本来就车多人多，如果贪图玩耍，不注意避免危险，那么很容易弄伤自己。李琦掉落井里造成了严重的伤害，不但身体上要承受病痛，精神上也会留下阴影。此外，小学高年级阶段学习任务紧张，一旦落下大量功课，想追赶上正常进度也是很难的。所以男孩一定要尽量避免意外伤害，尤其要避免无谓的伤害，否则就会给生活和学习都带来很大的麻烦，也导致自己陷入困境之中。

踩踏井盖的危险主要在于坠落，如果井盖下面有尖锐的东西，一旦坠落，还会刺入身体，甚至危及生命。所以在不明情况时，男孩一定要绕开井盖和地面覆盖物。当男孩与同伴们在一起玩耍时，往往会比较兴奋，甚至失去理智，做出冲动的举动。那么当人多兴奋时，男孩一定要注意，不要因为同伴的话就失去理性，变得狂妄自大。要知道，只有自己才应该对生命安危负责，其他人不管说什么，都不要冲动；很多事情一旦发生，如果导致恶劣的后果，再想挽回就很难了。青春期男孩原本就爱冲动，也会因为顾及面子问题而刻意表现出勇敢。殊不知，真正的勇敢不是匹夫之勇，不是盲目地在同龄人面前逞强。父母一定要培养男孩对于生命的敬畏，教会男孩爱惜生命，更要在对男孩开展安全教育时，告诉男孩很多危险的举动有可能引起的严重后果。唯有把安全教育做得面面俱到，男孩才能最大限度地保证自身安全，也才能避免因为无知伤害自己。

青春期男孩小心贪小便宜吃大亏

一天放学，小北慢慢悠悠地在路上走着，突然发现路边有很多人都聚集在一起，似乎人群之间有什么好玩的东西，因为小北听到人群时不时地就会发出惊呼声，他的好奇心一下子就被激发出来，也赶紧背着书包朝着人群里钻去。钻入人群，小北才看到人群之中有个大转盘，转盘上标注着各种奖项。好几个大人都排队正在玩转盘呢，小北也怦然心动。他倒是不奢望能中转盘上的大奖，只要能中个一百块钱的小奖，他就很满足了。小北一边这么想着，一边暗暗打着小算盘："我的口袋里有二十元钱，五块钱转一次，转四次的话，我至少也能中一个小奖吧，那我就能赚到八十块钱，也就有了一百块钱，这可是我两个月的零花钱啊，而且可以当作私房钱，不用交给妈妈！"想着想着，小北的嘴角不自觉地浮现出微笑，甚至觉得自己已经小奖在望了。

小北情不自禁地把手伸进口袋里，死死地捏着二十元钱，似乎需要通过指头的力量来给自己鼓劲。最终，小北下定决心拿出二十元钱，豪爽地对老板说："老板，我要转四次。"小北上台了，非常郑重其事地双手合十祈祷，围观的人都被小北逗得笑起来。小北开始旋转，一直转了四次，都没有转到任何奖项。看着自己半个月的零花钱就这样打了水漂，小北感到心疼不已，恨不得让时光倒转，然后一定要守住零花钱。

回到家里，小北懊丧不已地讲述了自己的经历，想让妈妈能给自己弥补一些损失。不曾想，妈妈生气地说："你这个孩子怎么变成财迷了呢！"小北为自己辩解："我这是投资好吧，要是转中奖励，现在岂不是有一百元了！"爸爸不禁笑起来："小北啊，贪小便宜吃大亏这句话你听说过吗？你还算幸运，只是花了二十块钱就买了这个教训。"小北委屈得泪花闪闪，爸爸继续说："小北，世界上没有免费的午餐，也不可能有从天上掉馅饼的好事情。爸爸妈妈的每一分钱都是辛苦赚来的，你怎么还想不劳而获呢，咱家可没有这样投机取巧的传统。你看看每天彩票售卖点有多少人买彩票，但是真正中大奖的人又要多长时间才会有一个两个呢！所以那完全是赌博，不是投资，你今天的行为也是赌博，而不是投资。因为你完全是冲动的，没有付出任何努力，就想以小博大；你受到这样的教训也好，否则有些大人还因为想要不劳而获而上当受骗呢！"小北更懊悔了，爸爸说："记住，贪小便宜吃大亏，不贪便宜不吃亏。"小北用心思考着爸爸的话，很久都不吱声。

爸爸说的话很有道理，越是爱占便宜的人，越是容易吃亏上当，是因为他们的眼睛里只看到利益，所以在需要理智思考从而做出取舍的时候，他们也只看到利益，且被利益蒙蔽了眼睛和心灵。对于小北而言，假如他能意识到大转盘是个骗局，自然就不会上当受骗了。遗憾的是，当利欲熏心的那一刻，他想到的只是自己能用二十元钱换取一百元钱，这样就轻轻松松赚取了八十元钱。对于小北而言，上当受骗也就成为必然。最终，妈妈不会给小北补偿零用钱，而是要让小北独自承受损失，也意识到盲目贪图利益的后果。

人总要学着长大，尤其是男孩随着不断成长，更要离开父母的保护，独自面对这个世界。常言道，"吃一堑长一智"，男孩也会在一次又一次的吃亏上当中渐渐成长，领悟到生命的真谛和做人做事的原则与底线。相信经历过这次教训，当小北感觉到自己要不劳而获或者天上将要掉馅饼时，一定会更加小心谨慎，而不会轻而易举就只想着利益，而完全忘记了风险。从本质上而言，要想避免上当受骗吃大亏，就一定不要企图占便宜。只有脚踏实地地努力，辛辛苦苦地奋斗，一点一滴地积累，每个人才能真正有所收获，也才能活得从容洒脱。不仅孩子喜欢占便宜，很多成人同样喜欢占便宜。爱占便宜是一种很不好的行为习惯，一旦占便宜惯了，人们就总想着占便宜，渐渐地也变得懈怠，甚至不愿意努力。从习惯养成的角度而言，男孩也应该养成一切靠自己的好习惯，才能坚持打拼，绝不松懈。

不要给小偷接近你的机会

学习成绩只占中等的小北，初中毕业后没有考上重点高中，而是去了一所师范院校学习，上了五年一贯制的专科。也许是因为男孩成熟比较晚吧，真正开始了师范院校的学习，小北才意识到自己作为男人不能就这样甘心于毕业后当一名小学老师。这不是说小学老师不好，而是说小学老师每天和孩子打交道，是个不折不扣的孩子王，不利于小北实现自己的宏伟志向。为此，在初步适应师范院校的学习后，小北就报名参加了自学考试，想要专科和本科一起毕业。

自学考试是很艰苦的，每年开考两次，小北都坐着公交车、背着复习的书本去考试。这不，小北刚刚参加完自学考试，站在公交车上回学校。突然，他感觉到自己的背包里有异常的响动。公交车后排就坐着小北师范院校的老师，他们是被抽调去给自学考试监考的。显而易见，他们把小偷打开小北背包的一切都看在眼里，但是却没有任何人提醒小北。小北当然知道自己的背包里只有几本书，但是小偷是不到黄河不死心，还以为小北的背包里有什么东西呢。为了让小偷死心，小北拿出手机假装给同学打电话。小北假装对同学说实际上是对小偷说："哥们，有钱吗？借给我点儿呗。我跟你说我有多么惨，今天去参加自学考试，付完了来回公交车钱，就只有十块钱了。你就借我一百块钱吧，我要靠着这一百块钱度过下半个月，每天也就只能馒头咸菜。你要是不帮我，我可就饿死了，谁让我上次被小偷搜刮一空了呢。我可不敢和我妈要钱，她要是知道我遭遇了小偷，又得批评我粗心大意。不过这下子好了，小偷偷我十遍也没关系，我仅有的十块钱还忘在宿舍了，哈哈！"小北说完，得意地挂断电话，当然，他也不忘把电话放在胸口贴身的口袋里，要是手机被偷走可就麻烦了。果然，小偷听完这番话就放弃了继续搜刮小北的背包，小北呢，等到小偷下车了，有些不满地看了看坐在后排的本校老师，然后又故意以夸张的动作把背包取下来，把拉链拉好。

小北很聪明，他不想和小偷发生正面冲突，虽然公交车后排就坐着本校的老师，但是从他们对于小偷的恐惧和忌惮来看，他们根本不会帮助小北。所以小北灵机一动，以假装打电话的方式告诉小偷自己是个没钱的穷学生，而且此前已经被小偷搜刮过一次，所以现在身无分文。这番话其实也是在告诉后排的老师们，他早就感觉到小偷的猖狂，不过根本没对他们抱有希望，更不指望着他们能对他伸出援手。果然，小偷在接收到小北故意传播出来的信息后，乖乖地走开了。小北达成目的，获得了胜利。

当遇到小偷的时候，马上惊慌地喊叫起来也许会刺激小偷，导致小偷做出过激的举动。最适宜的办法就是以各种暗示的方法告诉小偷自己没钱，让小偷主动离开，或者也可以装作不知情地把背包转移到身前来，毕竟小偷就是小偷，很少会当着全车人的面变身为劫匪。当把背包转移位置，小偷也就会知难而退，再也不心存妄想。

提醒小偷的方式有很多，在不想与小偷发生正面冲突的情况下，让小偷知难而退或者彻底死心是最好的方法。为了保证人身安全，男孩不应该不假思索地与小偷纷争，而是要开动脑筋，以最合宜的方式给予小偷警告。记住，任何时候，生命都是第一位的，只有生命安全有了保障，一切行为和努力才有意义。青春期男孩很容易陷入冲动之中，更要在危急或者意外情况发生的时候，以智力取胜，而不要有勇无谋。有的时候，即使在人多的公开场合，也未必能得到帮助，所以男孩也不要因为有其他人在场就对小偷肆无忌惮。常言道，光脚的不怕穿鞋的，小偷能冒险走上偷窃的道路，总是有原因的，他们往往对于人生抱着破罐子破摔的态度，个别小偷还会穷凶极恶，铤而走险，这是不得不防备的。所谓有备无患，又所谓知己知彼，百战不殆。每个男孩都应该对成长有更多的准备，对各种突发情况做出预案，这样等到事情发生的时候才不至于感到手足无措，而能作出最好的选择和最圆满的决定。

遇到坏人，喊话有禁忌

网络新闻报道，一个男孩趁着暑假在父母所开的小饭馆里帮忙。有一天，男孩去附近的小区里送餐，遇到一个吃霸王餐的，不愿意付钱给男孩。男孩很生气，想要忍气吞声离开，却又不甘心，因而恶狠狠地对点餐的人吼道："你等着，我回去就打110报警，我也知道你家的地址，你就等着警察来找你吧！"结果，让男孩万万没想到的是，这个房间里躲藏着的是一个在逃的杀人犯。原本，杀人犯只是没钱付饭钱，想把男孩赶走，但是男孩的这句话却让他起了杀心，他当即恶狠狠地想道："奶奶的，老子已经杀人了，还怕再多杀你一个吗！"这么想着，杀人犯当即把男孩拽到屋子里，残忍地杀害了。

男孩为何会被杀害呢？其实，尽管他面对的是一个杀人犯，但是这个杀人犯是在逃的，如同惊弓之鸟，只想把自己隐藏起来，不想再招惹祸端。正是男孩最后那句为了解气或者泄愤而不计后果说出来的话，让杀人犯顿生歹意，结果把男孩残忍地杀害了。如果男孩能够隐忍一些，即使真的想报案，也不要当着对方的面说出来，那么就能逃脱厄运。

曾经，有个女孩因为上了黑车，结果被司机拉到荒无人烟的地方强奸了。原本，司机只想发泄兽欲，没想着要杀人，但是没想到正当司机准备放女孩走的时候，女孩恶狠狠地说："我记住你长得什么样子了，我肯定要去报案，让你下半辈子都在牢房里度过。"正是这句话，让司机改变了主意，把女孩残忍地杀害了。女孩实在太单纯，所以才会在已经遭到伤害之后，给自己再招来杀身之祸。在当时的情况下，女孩最恰当的做法是示弱，从而帮助自己顺利逃脱，性命还把握在他人的手中呢，还有什么资格谈及报仇呢！生活之中，很多人都喜欢逞口舌之强，不管遇到什么事情，第一时间就先想到泄愤，而丝毫没有意识到先要自保，才能有机会想报仇的事情。

如果你曾经对犯罪有过了解，那么就会发现在诸多犯罪案件之中，有很多犯罪都是激情犯罪。也就是说，罪犯原本并不想把事情做绝，是因为受到被害者的威胁，为了自保，才做出非常极端的举动。毋庸置疑，每个人都希望自己一切都很顺利平安，而根本不想让自己面临危险；但是很多事情都不是以人们的意志为转移的，尤其是危险和意外更是防不胜防。当危险真正发生时，一定要保持清醒和理智，压抑住心中的恐惧和怒火，这样才能以智谋解决问题。

对于那些突如其来的危险情况，一定要记住"四喊三慎喊"的原则。具体而言，四喊指的是当自信能够战胜和制服对方的时候喊，当然在做出这个判断的时候要保持谦逊，不要盲目乐观或者高估自己的实力；当身边有帮手的时候，可以喊叫；在人多的场合，可以喊叫；当警察就在不远处执勤时，可以喊叫；当情况不属于可以高声喊叫的范围，就要更加慎重，也要意识到很多情况下喊叫非但不能解决问题，反而会激怒坏人，导致坏人做出过激的举动，而伤害到你。所谓三慎喊，指的是当在人少偏僻的地方，一个人面对坏人且自感不敌的时候，慎重喊叫；当感觉到危险越来越迫近的时候，慎重喊叫；当感到歹徒穷凶极恶且无所顾忌的时候，慎重喊叫。在这三种危急情况下，你都要以斗智斗勇为优先，千万不要盲目高声喊叫，否则，不但无法为自己争取到救援，反而会让坏人彻底破罐子破摔，无所顾忌地伤害你。

有很多面对坏人的预案，可以在危急情况发生时提供参考和选择。对于每个人而言，防患于未然，总比等到事情真正发生了再追悔莫及来得好。男孩尽管比女孩强壮，可是在自我保护方面也要警钟长鸣。例如，不走人少偏僻的小路，不在外面露富招致坏人的注意，不要一个人独行，而是尽量与同学结伴而行，不与他人单独进入封闭的场所等，这些对于男孩有效保护自己都是很好的建议，男孩应该遵守，而不要仗着自己身强体壮就不以为然。很多坏人同样身强体壮，而且因为他们有很多行凶作恶的经验，所以往往是很难对付的。当然，男孩平日里也要多多观察，处处留心。实际上，虽然坏人的脑门上没有写字，但是坏人还是有一些特征的。例如，在公共交通工具上，大多数乘客落座之后都会老老实实看着自己的眼前，或者盯着手机，而小偷在上车之后则会左顾右盼，只为了找到合适的对象下手。再如，对于那些面露凶气的人要小心防范，对于那些过分热情和周到的人，也要留心保持距离。等到经验渐渐变多，男孩就能相信自己的直觉，敏感地嗅到危险的气息。

遭遇意外，青春期男孩要学会冷静应对

　　真正的勇敢，不是莽夫之勇，也不是只能用体力解决问题，而是在遇到意外发生的时候保持镇定，绝不慌张。有人说，愤怒会导致人的智商瞬间降低，这是完全有道理的，因为在极度愤怒的时候，人会失去理智思考的能力，尤其是原本就处于青春期容易冲动的男孩，在遇到意外发生时更要竭力保持镇定。

青春期男孩如何应对突然停电

哲哲是个三年级的小学生，平日里，由爸爸妈妈负责带他。小时候，每当爸爸妈妈周末加班，哲哲就和爸爸妈妈一起去单位，陪着爸爸妈妈一起加班。自从上了三年级，哲哲觉得自己可以单独留在家里了，因而拒绝和爸爸妈妈一起去单位，毕竟在家里还可以看看电视，而去单位就只能无聊地待着。

周六白天，爸爸出差了，要等到周一才能回家，妈妈在单位加班，因为没有完成任务，也为了避免周日加班，所以妈妈晚上要继续加班。傍晚时，妈妈给哲哲打电话："哲哲，妈妈晚上要加班到十点前后，这样周日就不用加班了。妈妈回家接你，等到晚上下班咱们一起回家，好不好？"哲哲想了想，说："妈妈，我不想去你们单位。要不你给我点外卖吧，我吃了外卖看电视，然后困了就自己睡觉。"妈妈问："你不害怕吗？"哲哲说："不害怕。"妈妈只好为哲哲点了外卖。不承想，晚上八点，突然间停电了。妈妈担心哲哲害怕，火急火燎往家赶。躺在被窝里看电视的哲哲看到停电了，的确很害怕，他不敢出被窝，一直躲在被窝里，渐渐地感到困意袭来。他很想去卫生间，也不敢去，就这样使劲忍住尿意。正在此时，妈妈回家了，哲哲委屈地哭起来。妈妈安慰哲哲："哲哲，不害怕啊，其实你冷静下来，会发现还有月光的。而且，咱们家门口的抽屉里就有手电筒，可以应急呢！"哲哲说："我害怕，我总觉得黑暗里隐藏着怪物。"妈妈抚摸着哲哲的头："黑暗里没有怪物，黑暗里其实和有光的时候一样，只不过因为黑暗之中你看不到，所以心里感到害怕。一旦想明白了，你就不会害怕了，也能坦然面对黑暗。最重要的是要冷静，不要慌张。你做得很好，没有哭泣，也没有逃出家门。因为在家里虽然很黑，至少是安全的，一旦离开家，说不定会遭遇危险呢，对不对？"

哲哲擦干眼泪，点点头。妈妈说："妈妈还要继续去加班呢，再有一个小时就能完成任务。现在你也去完厕所了，妈妈把手电筒放在床头，再把电话的分机也拿到床头，这样你要是害怕就给妈妈打电话，不害怕就睡觉，好不好？如果你不想留在家里，也可以和妈妈去单位。"哲哲不想离开温暖的被窝，而且他也的确困倦了，他说："好吧，妈妈，我还是继续睡觉吧。"妈妈锁好门离开家，哲哲很快又睡着了。次日醒来的时候，天已经大亮了，哲哲很高兴妈妈能够留在家里陪他。

随着不断成长，孩子渐渐地脱离父母二十四小时的监护，难免会有独处的时候。孩子的天性就是怕黑，因而大多数孩子更容易接受白天独处，而一旦夜幕降临，有电的情况下，孩子不仅有光亮，还可以看电视、玩电脑，能够抵抗对黑暗的恐惧，而一旦停电，孩子未免会陷入惊慌之中，也会因为紧张慌乱，导致做出失去理智的事情，伤害到自己。因而面对停电的紧急状况，最重要的是保持镇定，不要乱窜，更不要盲目离开家。正如妈妈所说的，留在家里虽然很黑，但是至少安全。如果走出家门，则不但很黑，而且还会面临危险。所以在遇到停电的突发情况时，男孩一定要保持理智和冷静，千万不要因为紧张而陷入慌乱之中。

生活中总有很多意外的情况发生，男孩要想成长为真正的男子汉，一定要帮助自己保持理智和冷静，遇到任何突发情况，都不要紧张得手足无措，这样才能在关键时刻保持理性，也才能在危急情况发生的时候做出最明智的决定和最佳的选择，从而圆满解决问题。

食物中毒，如何应急处理

哲哲正处于长身体的时候，中午在学校吃的饭菜不可口，也吃得不是很饱，所以每天下午一放学，哲哲就会感到饿。然而，爸爸妈妈下班回到家里要六点多，吃饭怎么也要七点多了，为了让哲哲能够及时得到能量补充，妈妈每天都会给哲哲五元钱，让哲哲在放学路上买包子和豆浆，这样也可以抵挡几个小时的饥饿，等到吃晚饭时就不会狼吞虎咽，吃得过饱。然而，很多小吃摊的卫生条件都堪忧，为此妈妈叮嘱哲哲只能吃有品牌的包子和豆浆，而不要买那些乱七八糟的小食吃。哲哲虽然答应了妈妈，但是吃了一段时间的包子豆浆，就觉得厌烦了。一天放学，哲哲看到同学们都围着一个羊肉串的摊子买肉串吃，也被勾起了馋虫，因而也买了五串羊肉串，有滋有味地就吃进肚子里了。

回到家里，等到妈妈下班回家，哲哲对妈妈说："妈妈，我决定以后不吃包子，改吃羊肉串了。包子我都吃腻了，实在不想再吃了，我觉得还是羊肉串好吃。"妈妈很惊讶，当即提醒哲哲："羊肉串卫生吗？你可别吃坏了肚子，那就要受罪了。"哲哲不以为然："当然卫生，我们班级里有好几个同学都吃了。羊肉串还很便宜，包子都要一块五一个，羊肉串才一块钱一串，五块钱可以买五串呢！"妈妈听了哲哲的话，更担忧了："羊肉那么贵，羊肉串才一块钱一串，肯定不是什么好羊肉，也有可能是假冒的羊肉，你以后还是不要吃了。真想吃的话，妈妈周末带你去牛街吃正宗的，好不好？"哲哲满不在乎地说："我们班同学吃了都没事，放心吧！"

晚上大概十点钟，哲哲突然觉得肚子疼，而且出现明显的腹泻症状，为此，他不停地跑厕所。接连跑了好几趟厕所，哲哲觉得撑不住了，让妈妈找了止泻药给他吃。没想到，吃了止泻药之后哲哲觉得更难受了，看着哲哲痛苦的样子，爸爸当机立断带着哲哲去了医院。果不其然，正如妈妈所担心的那样，哲哲食物中毒导致腹泻了。哲哲问医生："我吃了止泻药，为何更难受了呢？"医生说："因为食物中毒是不能止泻的。你想啊，你的身体对不好的食物产生抵抗，想要把食物排泄出去，这其实是身体的自我保护，但是你却禁止身体这么做，身体岂不就更加难受了么！对于很多体质好的食物中毒者来说，如果食物中毒的情况没有那么严重，他们不需要额外服用药物，而只要排泄干净就能好了。"哲哲恍然大悟："难怪我越吃药越难受呢！但是我还有一点不明白，为何我的同学吃了羊肉串没事，我吃了却这么大的反应呢？他们有的人都吃了十串呢，我才吃了五串。"医生笑着说："每个人的体质不一样。就像冷空气来袭时，有的人会感冒，有的人不添加衣服也没事一样。如果你比较容易食物中毒，吃东西就要注意干净卫生，保证食物新鲜。"哲哲点点头，说："看来目前我还是吃包子最安全。"

在普通人眼中，腹泻就是腹泻，而在医生眼中，腹泻分为很多种情况，例如是着凉腹泻，食物中毒腹泻，还是药物过敏腹泻，针对这些不同的情况，医生采取的治疗手段也是截然不同的。所以一旦发生食物中毒的紧急情况，千万不要随便吃止泻药，而是要根据病情的轻重缓急做出决断，及时就医，才能得到有效治疗。

通常情况下，食物中毒是因为食用了腐烂变质或者含有毒素的食物导致的，中毒者往往会出现腹痛、呕吐、腹泻等症状。因而一旦出现这些症状，就要考虑到食物中毒的可能。食物中毒轻则导致上吐下泻，如果是因为吃了含有毒素的食物引起的中毒，例如食用了毒蘑菇等，还有可能引起死亡。因而在日常生活中进食的时候一定要保证食物的新鲜卫生，而如果是服用了含有毒素的食物，则要马上就医，以免有些毒素对人体造成致命危害。

当确定是因为服用含有毒素的食物才导致中毒，或者出现严重的中毒情况，而又不能马上就医时，第一时间就要采取催吐的措施。催吐尤其以在两个小时之内进行为好，可以采用外部刺激法，即用手指刺激喉咙，导致呕吐，这种方法是最为简单有效的，也可以当即进行，能够争取时间。在有条件的情况下，还可以用食盐与凉白开或者冷水按照一比十的比例混合喝下，直到产生呕吐的感觉为止。正如事例中医生所说的，在食物中毒的情况下不能止泻，反而要导泄。当进食时间超过两个小时，食物已经进入肠道中时，导泻的方式比催吐更有效果。对于导泻，通常是用大黄煎水服用，促进排泄。其实不管是催吐还是导泻，目的都是减少有毒食物在人体内停留的时间，从而降低人体对毒素的吸收。

对于吃了腐烂变质的海鲜河鲜产品引起的中毒，可以用水与醋按照一比二的比例调和喝下，能够起到解毒的效果。当中毒情况很严重的时候，一定要及时就医，以上方法只能作为就医前的应急处理方式。通常情况下，食物中毒都会导致上吐下泻，因而在治疗过程中还应当适当补充淡盐水，以免身体出现电解质紊乱的情况，也可以避免身体脱水。

为了避免食物中毒的情况发生，男孩在日常生活中进食的时候一定要养成良好的卫生习惯，不吃腐烂变质的食物，饭前便后都要洗手，尤其不要吃无证经营的摊贩售卖的食物。其次，男孩还要注意不吃野生的、来路不明的食物。很多住在大山里的人都喜欢吃野生蘑菇，但是千万不要吃不认识的蘑菇，否则有些蘑菇是含有剧毒的，甚至会夺走人们的生命。总而言之，病从口入，男孩一定要管好嘴巴，才能保证身体健康。

突发地震，如何获得一线生机

周一上午，哲哲正与老师同学们在教室里上课呢，突然感觉到有些头晕，紧接着就感觉到大地晃动。老师惊呼："地震了，紧急撤退。"同学们全都一哄而起，朝着教室门口拥去。尽管老师大喊着"不要着急，不要拥挤，快撤退"，同学们还是争先恐后，为此撤退的速度很慢。地震是一时性的，很快就恢复如常，老师继续组织同学们撤退到操场上。等到同学们都恢复镇定，老师才再次对同学们强调："同学们，遇到地震一定不要慌张。幸亏刚才只是有震感，否则你们这么拥挤，谁也逃不掉。"同学们你看看我，我看看你，有的同学说："刚才，一听到地震脑子就蒙圈了，根本一片空白。"也有的同学说："我只想着赶紧跑出教室来操场了。"老师感慨地说："人人都想逃生，这是正常的，但是越是在危急的情况下，越是要讲究秩序，否则大家都倒霉，岂不是更糟糕吗！"

经历了这次震感，学校里非常重视，没过几天就组织了关于地震逃生的讲座。在讲座上，地震专家再次为同学们讲解了地震逃生的要领，讲座之后，学校再次进行了地震逃生的演习。等到学校里发生地震预警时，同学们才能有秩序地疏散。回到家里，哲哲想考一考爸爸妈妈："爸爸妈妈，如果现在发

生地震，咱们应该怎么做啊？"妈妈不假思索地说："冲出去，坐电梯下楼，逃跑。"其实，妈妈知道不能这么做，但是妈妈也想考一考哲哲。看到爸爸皱起眉头，哲哲问爸爸："爸爸，你说该怎么办呢？"爸爸说："咱们家住在十八楼，逃跑肯定来不及，应该躲起来。"哲哲问："躲在哪里？"爸爸不知道该怎么回答。哲哲笑起来说："哈哈，让我告诉你们吧！开地震讲座的专家说，现在的楼都是框架结构，所以咱们最好躲在有三面承重墙的地方，也就是咱们家与隔壁人家相连的拐角处。"听到哲哲的回答，爸爸妈妈都连连点头称赞："哲哲听讲座很认真啊！"哲哲扬扬得意，说："那当然，这可是人命关天啊，况且我不认真听，谁负责来家里培训你们呢！"

地震也许百年不遇，但是一旦发生，就会造成非常严重的后果。1976年的唐山大地震伤亡惨重，是因为地震发生时正值深夜，而且当时人们防范地震的意识也不够强。2008年5月12日，四川汶川发生大地震。在这次地震中，有个学校里学生撤退有秩，避免了伤亡。而有的学校则因为地震发生时正在上课，导致孩子们伤亡惨重。由此可见，地震尽管有可能百年不遇，一旦发生就会造成严重的后果。因而不管是家庭还是学校，都要对孩子们开展地震到来的应急训练。这样，当地震真正发生时，孩子们才不会惊慌失措，也能有效保护自己。

作为男孩，一定要保持冷静和理智，才能在地震面前做出正确应对和从容反应。汶川地震中，有个男孩非常冷静，几次往返教室，救出了很多同学，让人刮目相看。不从救人的角度而言，仅仅从自我保护的角度而言，冷静和理智也是必须具备的品质。当地震真正发生，男孩，你做好准备了吗？不要带有侥幸心理，只有做好万全的准备，在天灾人祸发生的时候，才不会紧张失措，也才能做出正确的应对和反应。

遭遇劫匪，如何机智应对

周末，爸爸妈妈都加班，而哲哲带着银行卡，一个人去银行取钱。卡里都是哲哲这几年的压岁钱，妈妈特意交给他自己保管。这次取钱，爸爸妈妈都毫不知情，因为哲哲知道再过半个月就是爸爸妈妈结婚十周年纪念日了。在其他的纪念日，爸爸妈妈都因为忙碌而忽略了，这次可是十周年纪念日啊，哲哲想准备一份礼物，给爸爸妈妈一份惊喜。

到了自动取款机的门厅，哲哲发现里面空无一人，只有一个流浪汉在睡觉。哲哲有些迟疑，害怕这个流浪汉，但是转念一想，如果不抓紧时间准备礼物，恐怕就不能挑选到合心意的礼物。为此，哲哲还是走进去，把银行卡插入取款机。这时，流浪汉突然站起来，用刀抵着哲哲的后腰部，说："别吱声，把卡里的钱全都取出来给我。"哲哲的脑袋里嗡的一声，他很清楚自己不能喊叫，否则这冰冷的刀有可能进入自己的身体。为此，哲哲尽量控制住颤抖的声音，说："我是个孩子，没有钱，这里面只有我的零花钱。"流浪汉恶狠狠地说："我不管，输入密码，把所有钱都取出来给我。"哲哲不由得暗自懊悔，早知道当初听妈妈的，把三千元钱存入余额宝，只留下几百块钱零花就好了。但是现在悔之晚矣，哲哲已经做好了最坏的打算，宁愿钱都被抢走，也要保证人身安全。

在这种想法的驱使下，哲哲很顺从流浪汉，但是他却假装一不小心把密码输错了。哲哲对流浪汉说："你这样拿刀抵着我，我一紧张把密码输入错误了。你能离我远一点儿吗？"流浪汉说："小子，你可别耍我，你要是害得我连饭也吃不上，我就把你吃掉。"趁着流浪汉离得远些守在门口，哲哲赶紧取出来三百块钱，假装特别心疼地流泪说道："这是我所有的钱了，你给我留下一百行吗？"流浪汉一把夺走钱，跑开了。哲哲也不敢继续取钱了，而是赶紧离开，等到人多的时候再去银行柜台取钱。

哲哲犯了个错误，那就是看到取款机附近有来路不明的人，还是进去取款，让自己与陌生人进入一个封闭的空间，导致遭遇抢劫。不过哲哲也很冷静，他小小年纪被流浪汉拿刀抵着，却没有大喊大叫，为此才能避免被流浪汉伤害，也为自己争取到宝贵的时间，从而进行斡旋。他以输错密码的事实告诉流浪汉他很害怕，而流浪汉为了拿到钱就必须离他远一点。这样一来，哲哲想到流浪汉只想弄点儿钱吃饭，也想不到他这个小孩子能有那么多钱，因而只给流浪汉取了三百块钱，还假装可怜兮兮地让流浪汉给他留一百。如此一来，流浪汉也怕哲哲反悔，因而不与他纠缠，马上拿了钱就跑开了，让哲哲得以安全。

　　遇到危急的情况，尤其是当坏人距离自己的身体很近，并且有可能对自己造成伤害的时候，最重要的就是保持冷静。在前文说过，遇到坏人有四喊三慎喊，而事例中哲哲的现实处境就完全符合四喊三慎喊的慎喊。否则，一旦哲哲以高声呼叫激怒流浪汉，就会导致流浪汉从原本只想求财，到最终被激怒，甚至手一哆嗦就伤害了哲哲，那哲哲可就追悔莫及了。哲哲的最坏打算是对的，即使与再多的钱相比，生命安全也是第一位的，所以只能尝试着保全财产，而不能为了保护金钱就不顾性命安危。唯有在保障生命安全的情况下，钱财才有意义，也才是值得珍惜的。

　　很多性格刚烈的人在遇到劫匪的时候，会选择宁死不屈，实际上，这不是高节的象征，而是愚蠢的表现。在有些时候，人固然要坚持原则，绝不屈服，但是在遇到危急情况的时候，人更要表现出灵活机智，做到随机应变。任何时候，每个人都要坚持生命本位，把生命安全放在第一位，想到这一点，男孩就不会莽撞行事了。

搭乘电梯，男孩要了解的安全事项

一天，哲哲独自下楼玩耍，乘坐电梯时突然发生了意外，一开始是电梯里的灯光一明一暗，看起来让人感到害怕。后来，电梯突然停住不动了，电梯门也紧紧关闭着，没有任何反应。喊爸爸妈妈？显然不可行，因为爸爸妈妈在家里很难听到门外的声音，更别说是电梯里的声音了。哲哲只能安静下来，等到爸爸妈妈发现自己没回家，再出来寻找自己。

就在百无聊赖之中，哲哲发现电梯里的求救电话能用，而且旁边还有紧急求助的电话号码。为此，哲哲当即拿下听筒放在耳边，确定电话能用后，哲哲拨打了紧急求助电话，并且让紧急救助人员先通知他的爸爸妈妈，告诉爸爸妈妈他很安全。

做完这一切，哲哲就安心等待救援了。得知哲哲被困电梯，爸爸妈妈马上赶到相应的楼层，隔着电梯门安抚哲哲。听到哲哲情绪稳定，没有惊慌哭泣，爸爸妈妈都放下心来。为了防止电梯继续坠落给哲哲造成伤害，爸爸还隔着电梯门教会哲哲正确的姿势。大概二十分钟，电梯救援人员就赶到了，顺利地把哲哲救出了电梯。

如果哲哲一味地只知道哭泣，那么根本无法冷静地看到求助电话，只能哭得上气不接下气，也让不明就里的爸爸妈妈急得火上墙。很多男孩都知道哭泣是没有用的，不但不能解决问题，反而会导致问题更加恶化，但是实际上大多数男孩在遇到意外发生的时候，依然很难保持冷静和理智。唯有不断地锻炼自己的胆量，让自己更加理性从容，男孩才能真正成为男子汉，成为真正的勇士，直面人生中的各种意外情况。

去年，网络新闻曝光了一个男孩在没有家人看护的情况下，进入电梯上上下下，在电梯里蹦蹦跳跳反复折腾，并且对着电梯的按键撒尿的事件。最终这个男孩从电梯坠落，导致严重受伤，生命垂危。也曾有过新闻报道祖孙俩没有查看电梯厢是否上行，就快速进入电梯，导致双双坠亡的事件。不得不说，虽然电梯给人们带来了生活上的便利，但是电梯如果使用不当，也是有很多安全隐患的。此外，电梯的安全运行并非百分之百，乘坐电梯时还应该保持警惕，拥有安全意识，才能避免受到电梯的伤害，也避免惨剧的发生。

　　乘坐电梯，男孩必须注意很多安全事项，首先要保证文明乘坐电梯，不能故意对着电梯拍打，或者在电梯里进行诸如蹦跳等危险的举动，否则会引起电梯坠落。其次，不要带易燃易爆物品进入电梯，因为电梯主要靠电力运行，而且是密闭的窄小空间，容易引起火灾，也有窒息的危险。不要强上强下电梯，更不要超载。如果赶不上电梯，那就耐心等待电梯回来，而不要为了节省一两分钟的时间就拿生命开玩笑。毕竟电梯是机器，没有思维和感情，也不会审时度势做出合适的决定，所以最重要的是乘坐电梯的人要合理使用电梯，不要故意刁难电梯。最后，在发生自然灾害的时候不要乘坐电梯，一旦停电就会被困在电梯中，也因为电梯空间狭窄，所以反而更容易发生危险。

　　在搭乘电梯的过程中，如果电梯发生故障停运，不要强行打开电梯的门，而是应该紧急求救等待救援。如果发生电梯坠落的情况，则要迅速按下每一层的按钮，说不定电梯在某一层就停下了，也能让你获救。按下每一层的按钮之后，还要做好最坏的准备，为了避免电梯坠落到底层时受伤，应该马上把背部和头部都靠近电梯的内墙，也就是与电梯门正对着的那堵墙，然后让膝盖保持弯曲的姿势，从而有效减弱电梯坠落时给身体带来的巨大冲击和伤害，也能保护好脊椎。总而言之，男孩应该是勇敢的，在遇到电梯发生意外时，一定要保持理智和冷静，理性思考和正确求生，而不要做出冲动的举动伤害生命。

参考文献

[1]蔡万刚.男孩，你要懂得保护自己[M].北京：中国纺织出版社，2020.

[2]蔡万刚.青春期男孩心理成长手册 [M].北京：中国纺织出版社，2020.

[3]胡琳.儿子，青春期你一定要懂的事儿[M].北京：北京理工大学出版社，2020.

[4]沧浪.成长的秘密：青春期男孩心理成长手册[M].北京：中国妇女出版社，2016.